Öser *Kriegsschrott in der Ostsee*

Der Autor
Reinhard Öser, Jahrgang 1960, einst Offizier der Volksmarine, Unterwasserarchäologe und Profitaucher, unterhält ein Netzwerk von Forschungstauchern, Unterwasserarchäologen, Marinetauchern und Wissenschaftlern, die projektbezogen in nationalen und internationalen Gewässern tätig werden. Er betreibt dazu in Berlin das Unternehmen »Marine Research Germany«.

Das Buch
In der Ostsee liegen einige tausend Schiffswracks, viele sind unentdeckt. Öser folgt Hinweisen des Landesamtes für Bodendenkmalpflege in Mecklenburg-Vorpommern und recherchiert selbst in Archiven, sucht nach untergegangenen Schiffen, um diese zu dokumentieren, insbesondere interessieren ihn gesunkene Schiffe aus der Kaiserzeit. In seinem Buch berichtet er über Geschichte, einige Projekte und deren Wurzeln.

Reinhard Öser

Kriegsschrott in der Ostsee

Unterwasserarchäologie auf Marine-Spuren

MILITÄRVERLAG

Zur Erinnerung an Uwe Pötsch, der während einer Expedition am 24. Mai 2004 auf See sein Leben verlor

Inhalt

Vor der mehr als 1.700 Kilometer langen Ostseeküste Mecklenburg-Vorpommerns liegen nicht nur Wracks, sondern auch eine Vielzahl anderer, sehr unterschiedlicher Bodendenkmale. Sie erlauben einen umfassenden Einblick in den Alltag früherer Zeiten. Diese Unterwasserbodendenkmale sind für die wissenschaftliche Forschung von größter Bedeutung.

Dr. Jens-Peter Schmidt,
Landesamt für Kultur und Denkmalpflege Schwerin

Prolog

Ich habe inzwischen auf der Ostsee mehrere tausend Seemeilen zurückgelegt und unzählige Tauchgänge vollzogen, sein Jahren arbeite ich ehrenamtlich als Unterwasserarchäologe und habe, gemeinschaftlich mit Kameraden und anderen Tauchern, nach Wracks in der Ostsee gesucht, etliche gefunden und dokumentiert. Dafür habe ich Akten in nationalen und internationalen Archiven gewälzt, Publikationen studiert und zeitgenössische Quellen ausgewertet. Inbesondere interessieren mich Schiffsuntergänge während des Ersten und Zweiten Weltkrieges und in der Zeit dazwischen, und dort gilt mein Augenmerk speziell dem Seegebiet, das im Westen von der dänischen Insel Møn und im Osten von der Schwedeninsel Bornholm, im Norden von Öland und im Süden von der Insel Rügen begrenzt wird.

Dieses Gebiet nennt man Mittlere Ostsee. Und von den etwa 3.000 Schiffen, die seit 1600 in der Ostsee versunken sind, liegt ein erheblicher Teil in diesem Bereich. Nicht wenige gingen dort in der ersten Hälfte des vorigen Jahrhunderts unter, und manches Wrack birgt noch gefährliche Hinterlassenschaften, weshalb es oft Streit gibt, wer denn nun der Erbe und Eigentümer ist.

Mecklenburg-Vorpommern ist das Bundesland mit der längsten Küste, man geht von über 1.712 Kilometern aus. Dazu kommen noch die Binnengewässer. Diese Territorien sind das Betätigungsfeld für die Unterwasserarchäologie. 1982 entstand auf der Insel Rügen eine »Interessengruppe Meeresarchäologie«, daraus wurde später der »Landesverband für Unterwasserarchäologie«, der sich Suche und Sicherung auch von Schiffswracks auf die Fahnen geschrieben hat. In Abstimmung mit dem Amt für Kultur und Denkmalpflege Mecklenburg-Vorpommern führen Taucher unterwasserarchäologische Untersuchungen durch. Mit diesem Amt arbeiten ich und mein Netzwerk zusammen.

Im Buch werde ich auch über einzelne Projekte berichten, doch die genauen Fundorte verschweigen. Auf Denkmale an Land wird von der Öffentlichkeit geachtet, es gibt Verantwortliche, die für ihren Schutz zuständig sind. Bei Unterwasserdenkmalen gibt es diese Sicherheit nicht. Weltweit sind nicht wenige Abenteurer unterwegs, die nach Wracks tauchen, um dort vermeintliche Schätze zu finden. Mit modernster Technik sind diese zeitgenössischen Grabräuber unterwegs.

Unser Anliegen ist es, verschollene Wasserfahrzeuge aufzuspüren, diese zu sichern und zu dokumentieren. Dazu gehört mitunter auch, bestimmte Teile abzuformen, die dann in Museen und Ausstellungen gezeigt werden können. Später dann gibt es organisierte Tauchgänge mit Interessenten. Das ist wie ein geführter Museumsbesuch an Land, eine Art »weicher Tourismus«, der sich nicht nur in Mecklenburg-Vorpommern als Wachstumsbranche zeigt.

Vor allem aber geht es um die Aufhellung eines bestimmten Teils unserer Geschichte, der im Verborgenen liegt. Aus diesem Grunde werde ich nachfolgend, ehe ich zu den einzelnen Projekten komme, einen historischen Exkurs insbesondere zur kaiserlichen Marine vornehmen. Denn in diesem historischen Kontext wird manches Wrack interessanter, als es ohnehin schon ist. Man sieht, was man weiß, das wusste schon Fontane. Und was an Land gilt, trifft auch beim Tauchen zu.

Hintergründe zu den beschriebenen zivilen und militärischen Wracks sowie deren Kommandanten geben Einblick in Flottenübungen, Kolonialkriegseinsätze und Seegefechte im Arkonabecken und Kalmarsund.

Dieses Buch konnte nur entstehen, weil viele gute Taucher zur Crew gehörten, auf die man sich immer verlassen konnte. Ich danke meinen Freunden der Marinekameradschaft Kampfschwimmer Ost e. V. , die auf meinen Expeditionen treue Begleiter waren, Kapitän Hanke und seiner Mannschaft vom Motorschiff »Artur Becker«, Greifswald, welches als schwimmender Stützpunkt diente. Mein Dank geht an Falk Wieland und Andreas Baumgarten sowie an das

Wehrgeschichtliche Ausbildungszentrum Marineschule Mürwik, die viele Fotos beisteuerten. Ich hatte an meiner Seite den schwedischen Oberst i. G. Magnus Bratt und Michael Dumiak (USA), Dr. Ralf Scheibe und Wulf Krentzien. Dr. Jens-Peter Schmidt vom Amt für Kultur und Denkmalpflege Mecklenburg-Vorpommern, Prof. Peter C. Wille für der Fachbereich Schalltechnik, die Kollegen vom Bundesamt für Seeschifffahrt und Hydrographie, die Kameraden vom Marineamt Rostock danke ich für die fachliche Begleitung.

Dankbar erwähne ich auch das Filmteam um John Kantara, Detlef Rettig und Sven Gers, Peter Pohl von MP Design, Frau Dr. Tillmann vom Schifffahrtsmuseum Kiel, Dr. Rohweder von Thyssen Krupp (HDW) sowie den dänischen Coastal Rescue Service, der uns in Notfällen mit dem Helikopter zur Hilfe kam. Last but not least, Dank allen nicht genannten Landratten und Expeditionsmitgliedern für die Unterstützung auf den Expeditionen und Forschungsreisen.

Reinhard Öser,
im Sommer 2011

Die MS »Artur Becker« an ihrem Liegeplatz in Greifswald-Wiek, dahinter das einstige Segelschulschiff »Wilhelm Pieck«, jetzt »Greif«. Die »Artur Becker« war bis 2009 das Basisschiff für Öser und seine Mannschaft bei Forschungsreisen, es wurde 2010 verkauft. Daher nachstehend – statt einer Einleitung – ein Interview mit Öser, das am 20. November 2010 in der Tageszeitung junge Welt erschien

Die MS »Artur Becker« wird verkauft

*Sie sind seit den 90er Jahren wiederholt mit der »Artur Becker«
gefahren, haben aus verschiedenen Gründen, auf die wir gewiss zu
sprechen kommen werden, zu diesem Schiff eine persönliche Beziehung. Warum kaufen Sie es nicht?*

Ich habe schon vor einem Jahr beim Eigentümer, der Hansestadt Greifswald, angefragt und einen vergleichbaren Preis zahlen
wollen, den sie an die Bundeswehr zahlte, welche das Schiff von
der Gesellschaft für Sport und Technik 1990 übernommen hatte,
es dann aber gleich wieder loswerden wollte.

Ich vermute mal: eine D-Mark.

Genau. Ich bot das Doppelte: einen Euro. Notfalls wäre ich
sogar bereit gewesen, den Stahl-, also den Schrottpreis aufzubringen. Aber Spaß beiseite, ich hatte auch eine kleine Investorengruppe hinter mir und ein neues Konzept erarbeitet, mit dem ich
Fördergelder und zinsgünstige Darlehen für einen Umbau bekommen hätte, um das Motorschiff am Standort zu erhalten.

Die Stadt wollte mehr dafür?

Ach, das weiß ich nicht. Die Zuständigen meinten, ich solle
mich an einer öffentlichen Ausschreibung beteiligen, um den Verdacht der Mauschelei nicht aufkommen zu lassen. Aber eine solche
Ausschreibung fand nie statt. Bis auf die jetzige. Man hat also die
Sache trotz erkennbaren Interesses von Vereinen, Tauchsportlern
und Anglern ausgesessen. Die Stadt hofft nun auf den Taxpreis von
180.000 Euro. Den wird sie aber nicht bekommen. Denn anschließend müsste man etwa eine weitere halbe Million hineinstecken, um das Schiff aus dem Jahr 1951 auf Vordermann zu bringen. Bei aller Liebe zu unserer Vergangenheit und zur Geschichte
des Schiffes: Das ist zu viel.

Beginnen wir also mit der Geschichte und nicht mit der Höhe der aufgelegten Latte.

Das Schiff ist 1951 in Roßlau gebaut worden und gehörte in eine Serie von Fischereifahrzeugen, die als Reparationen in die Sowjetunion gingen. Wie seinerzeit üblich: mit voll genietetem Kutterrumpf, einem Diesel, einer Schraube. Der Logger wurde als Tonnenleger eingesetzt und bis zu Beginn der 80er Jahre von der Volksmarine als Versorgungsschiff »Ruden« benutzt. Danach wurde es zum Tauchschiff umgebaut und der Gesellschaft für Sport und Technik übergeben. Seit 1982 fuhr es als »Artur Becker« für die Marineschule »August Lütgens«. 1990 übernahm Greifswald die Trägerschaft und überließ die »Artur Becker« dem Tauchsportclub Greifswald e. V. zur Nutzung.

Es war, bis zur Stillegung im März 2010 durch die Stadt, nicht nur das größte Hochseetaucherschiff auf der Ostsee, sondern auch das einzige.

Wie funktionierte das?

Ganz einfach: Der Tauchsportclub war Pächter, und Interessenten charterten das Schiff mit den fünf angestellten Besatzungsmitgliedern. Im Frühjahr und Herbst gab es vorwiegend einwöchige Hochseeangeltouren, im Sommer Tauchertouren. Eine Woche Charter kostete so um die 10.000 Euro. Die Teilnehmer zahlten dafür rund 400 Euro Kostenanteil, ich musste als Organisator also mindestens 30 Personen für eine Reise an Bord nehmen, sonst rechnete sich mein Expeditionsvorhaben nicht. Und genau hier liegt der Hase im Pfeffer.

Nämlich?

Die »Artur Becker« wurde am 1. Juni 2008 vom polnischen Getreidefrachter »Raba« nordwestlich der Halbinsel Wittow/Rügen gerammt. Der mit der Schiffsführung beauftragte Erste Nautische Offizier war offenkundig durch Übermüdung eingenickt, der Kapitän war zu diesem Zeitpunkt nicht auf der Brücke und lag vermutlich in der Koje. Es gab Blechschaden. Da die Kollision

Reinhard Öser

unter Beteiligung internationaler Verkehrsteilnehmer geschah, meldeten wir sie Bremen Rescue, der zentralen Stelle für Havarien auf See. Die Seepolizei gab das an zuständige Ämter weiter, und in der Folge gelangten auch Informationen an das Verkehrsministerium des Landes Mecklenburg-Vorpommern und das des Bundes. Die zuständige Stelle befindet sich in Bonn. Die Bürokraten studierten die Papiere und sagten sofort, weil sie offenkundig nur zwei Schiffstypen kannten: Moment mal, das ist kein Passagierschiff, sondern ein Sonderfahrzeug, Unterabteilung Ausbildungsfahrzeuge. Da sind nur maximal zwölf Plätze zugelassen.

Und, hatten sie recht?

Nein, denn es gibt auch den Einigungsvertrag zwischen DDR und BRD. Und dort ist gesagt, dass zwar die Flagge gewechselt wird, nicht aber die Zulassungsbedingung. Zu DDR-Zeiten nutzten wir 39 Kojen an Bord. Das war arg eng, deshalb wurde nach dem Flaggenwechsel freiwillig auf 31 reduziert, um mehr Platz zu haben. Aber Staatsverträge mit der DDR wollte man in Bonn nicht kennen, deshalb haben wir und andere daran erinnert und gegen diese Entscheidung protestiert. Man hatte schlicht vergessen, eigens für diese Art Schiffe eine geeignete Unterkategorie zu schaffen.

Einfach gesagt: Als Passagierschiff war die »Artur Becker« zu klein und als Sonderfahrzeug zu groß. Somit wurde die »Artur Becker« in ein Korsett geschnürt, was jetzt platzte.

Die Behörde korrigierte sich?

Wie bitte? Danach kamen die Beamtenschimmel mit dem Alter. Das Motorchiff »Artur Becker« stelle ein erhöhtes Sicherheitsrisiko dar, hieß es, niemand sei bereit, einen solchen durchaus gepflegten Oldtimer als Passagierschiff umzuklassifizieren oder Sonderfahrgenehmigungen zu erteilen. Eine sehr groteske Begründung: In der aktuellen Ausschreibung wird darauf verwiesen, dass folgende von der See-Berufsgenossenschaft ausgestellte Gültigkeitsbescheinigungen für die »Artur Becker« vorlägen: Fahrerlaubnisschein, Bau- und Ausrüstungssicherheitszeugnis, Funksicherheitszeugnis, Nationales Freibordzeugnis, Internationales Zeugnis über die Verhütung der Verschmutzung durch Abwasser. Alle Papiere sind gültig bis zum 31. März 2014. Mit einem Wort: Man könnte sofort in See stechen und müsste in den nächsten drei Jahren nicht zum TÜV.

Davon abgesehen war weder die Anzahl der Gäste an Bord noch die Sicherheitsfrage für den Unfallhergang relevant. Das wurde der »Artur Becker« nur angedichtet.

Man könnte sagen, Bürokratie trifft eben auf Wirklichkeit. Das ist in anderen Bereichen auch so. Ist das ein Grund, sich darüber öffentlich derart zu erregen?

Ich verstehe den berechtigten Einwand. Auch wenn es nicht erkennbar ist, glaube ich dennoch, dass es sich hierbei nicht ausschließlich um Paragrafenreiterei handelt, sondern dass auch ideologische Vorbehalte mit im Spiel sind.

Wirklich? Die wissen doch nicht einmal, wer Artur Becker war.
Und dass in der DDR nicht nur Schiffe, Straßen und Einrichtun-
gen nach ihm benannt wurden, sondern auch die höchste Auszeich-
nung der Freien Deutschen Jugend. Ich will an einen politischen
Feldzug nicht glauben.

Selbst wenn kein Beamter in Bonn und anderswo vorhat,
damit ein Stück DDR- und Seefahrtgeschichte zu tilgen, sondern
einfach nur ein Schiff aus dem Verkehr ziehen will: Warum heißt
dann das einstige Segelschulschiff »Wilhelm Pieck«, das hinter der
»Artur Becker« an der gleichen Pier der Marineschule liegt, seit
der Wende »Greif«? Wenn die Entwicklung nicht politisch moti-
viert sein sollte, so ist sie wirtschaftlich bescheuert und in kultur-
politischer Hinsicht ein Eigentor.

Inwiefern?
Sie haben schon mal etwas von Unterwasserarchäologie gehört?

In Sassnitz auf Rügen gibt es ein Museum. Das hat mal geöffnet,
mal nicht. Momentan ist es wieder einmal geschlossen.
Richtig. Mal platt gesagt: Was auf dem Grund der Ostsee, in
Seen und Flüssen von Mecklenburg-Vorpommern gefunden wird,
kann dort besichtigt werden – wenn es denn offen ist. Das ist ein
interessantes Element, ein Baustein der hiesigen Tourismusbran-
che. Zugleich jedoch führt die Unterwasserarchäologie zur Ver-
tiefung unseres Wissens über die Vergangenheit. Das fällt ins Fach
der Landesdenkmalpflege. Ich bin zum Beispiel ehrenamtlicher
Bodendenkmalpfleger des Landes Mecklenburg-Vorpommern. In
dieser Eigenschaft kommuniziere ich regelmäßig mit Dr. Jens-
Peter Schmidt, dem verantwortlichen Archäologen beim Schwe-
riner Landesamt für Kultur und Denkmalpflege. Früher war das
Dr. Thomas Förster vom Ozeaneum in Stralsund. Übrigens die
beiden einzigen dort, die sich mit Unterwasserarchäologie und
Wrackfundstellenerfassung von Amts wegen beschäftigen. Dr.
Schmidt informiert mich über Hinweise, die vom Bundesamt für
Seeschifffahrt und Hydrographie (BSH) kommen. Wenn die Kol-

legen bei ihren Vermessungsarbeiten an der Küste auf Unregel-mäßigkeiten stoßen, geben sie Nachricht, und Schmidt sagt dann: »Schaut mal nach.« So untersuchen wir mögliche Fundstellen im Unterwassernationalpark, das ist die Wirtschaftszone bis fünf See-meilen, und noch weiter draußen, dokumentieren diese und orga-nisieren später auch, museumspädagogisch begleitet, Wracktau-chen für Hobby- und Profitaucher. Übrigens, die Havarie 2008 trug sich bei einer solchen Mission zu.

Erzählen Sie mal.

Ein Fernsehteam von Ecomedia aus Hamburg war seinerzeit an Bord und hat die Expedition begleitet. Der Film wurde für *3sat* produziert und kann noch immer im Internet angeschaut wer-den. (*www.3sat.de*)

Ich will es von Ihnen hören.

Wir hatten das Wrack der »Undine« nach Hinweisen vom Lan-desamt für Bodendenkmalpflege und eigener intensiver Recherche aufgespürt. Ich habe in britischen, schwedischen und deutschen Quellen geforscht. Im Mai 2003 fand ich mit der Sonarsonde von Bord der »Artur Becker« das Wrack und unternahm einen Son-dierungstauchgang mit meinem damaligen Expeditionsteam. Das Schiff war nach neunzig Jahren sehr gut erhalten, was in der sal-zigen Ostsee nicht immer der Fall ist.

Der kleine geschützte Kreuzer der Gazelle-Klasse galt damals als flexibel einsetzbares Schiff der deutschen Flotte, es war das erste Kriegsschiff mit einem Kreiselkompass, einem Gyroskop der Firma Anschütz & Co., an dessen Entwicklung auch Albert Ein-stein mitgearbeitet hatte. Es wurde als Geleitschutz für Handels-schiffe und Fähren zwischen dem schwedischen Trelleborg und Sassnitz eingesetzt. Am 7. November 1915 wurde es von zwei Tor-pedos des britischen U-Boots E19 getroffen und versenkt, fünf Seeleute starben, einige wurden vermisst. Das Schiff galt Jahr-zehnte als verschollen, bis ich es in fünfzig Metern Tiefe vor Rü-gen fand. Unter anderem war die Bugzier der »Undine« sehr gut

erhalten. Wir planten, für verschiedene Museen und das Ozeaneum in Stralsund davon einen Silikonkautschuk-Abdruck anzufertigen. In der vergleichsweise kalten Ostsee war das noch nie
probiert worden. Es klappte. Bis es dann eben über Wasser am
frühen Morgen knallte. Aber das hatten wir schon.

Weiß man, wie viele Schiffe auf dem Grund der Ostsee liegen?
    Man geht von mehr als 3.000 Schiffen aus, die seit 1600
gesunken sind.

Die »Artur Becker« in See, vorn die Tauchflaschen

Ein Schiffsfriedhof.
Ja, und damit ein ideales Forschungsgebiet für Unterwasser-archäologen.

Mit Hilfe der »Artur Becker«.
Natürlich. Als schwimmender Taucherstützpunkt.

Was geschieht nun mit dem etwa hundert Meter langen Wrack der »Undine«? Wird es gehoben? Wer überhaupt ist der Eigentümer?
Das ist der Streit. Die Deutsche Marine als Rechtsnachfolger aller deutschen Marinen sagte: Das ist unser Eigentum. Das Land Mecklenburg-Vorpommern erhebt den gleichen Besitzanspruch. Da nicht geklärt ist, wer eine Bergung bezahlen soll und für alle Nebenkosten aufkommt, zum Beispiel für die Entsorgung der Munition und anderer Kampfmittel, die vermutlich noch im Wrack liegen, wird wohl Seiner Majestät Schiff »Undine« dort liegen bleiben, wo es derzeit liegt.

Als Objekt für Wrackplünderer?
Wir verschweigen stets bewusst die Fundstellen, um genau dies zu verhindern. Aber natürlich kann man es nicht garantieren.

Wenn also die »Artur Becker« verschwindet, hat sich das Thema Hochseetauchen und Unterwasserarchäologie in Mecklenburg-Vorpommern erledigt?
Ich sehe drei verschiedene Perspektiven für das Schiff. Die erste Möglichkeit ist: Niemand erwirbt in einer Woche die »Artur Becker«, dann wird sie verschrottet. Diese Option scheint mir die wahrscheinlichere. Oder, zweitens, jemand innerhalb der EU erwirbt das Schiff und fährt mit den einschränkenden Vorschriften weiter bzw. baut es um zu einem Wohnschiff oder zu einem Hotel. Dritte Variante: Verkauf an einen Interessenten außerhalb der EU, der auf die Brüsseler Vorgaben hustet. Denkbar sind Russland, die Ukraine und die Türkei, auch afrikanische Staaten könnten sich interessieren.

Und Sie?

Ich werde für Tauchgänge in der Ostsee künftig Segelschiffe in Amsterdam chartern. Die Niederlande als zuverlässige Seefahrernation bieten mir gemäß EU-Richtlinien bei entsprechender Schiffsgröße mit meiner 36 Mann starken Crew genügend Platz und Flexibilität.

Na also. Was regen Sie sich auf, wenn die »Artur Becker« den Weg alles Irdischen geht?

Ich wiederhole mich gern. Erstens ist die ostdeutsche »Artur Becker« das einzige Schiff an der deutschen Ostseeküste, das Hochseetourismus mit Expeditionscharakter für jedermann anbietet. Damit ist es konkurrenzlos in Preis und Leistung. Alle anderen Ostseeanrainer haben lediglich Tagesausflüge für Taucher, Angler und andere Wassersportler im Programm. Das ist nicht vergleichbar. Das Schiff ist zudem ein Botschafter Mecklenburg-Vorpommerns mit Geschichte und Tradition und gern gesehener Gast in Küstengewässern befreundeter Staaten. Das alles wird nunmehr achtlos entsorgt. Angesichts dieser Umstände erscheinen Erklärungen von Landespolitikern, dass der Tourismus gestärkt werden müsse, als eine wohlfeile Phrase. Hier hat man ein traditionsreiches Objekt für diesen guten Zweck, man muss nicht neu erfinden oder gar bauen.

Außerdem kann ich mir an dieser Stelle Sarkasmus nicht verkneifen. In der DDR, über die Gründe müssen wir nicht rätseln, waren die Möglichkeiten des Sporttauchens ziemlich reglementiert und eingeschränkt. Ende der 80er Jahre erfuhr diese Sportart weltweit erheblichen Aufschwung, sie wurde von einer Nischen- zu einer Breitensportart. In jener Zeit fielen auch für die ostdeutschen Taucher alle Beschränkungen, und viele, die sich das Rote Meer, die Malediven oder Indonesien nicht leisten konnten, nutzen die Möglichkeiten vor der Haustür. Nunmehr jedoch werden die Tauchsportler wieder mal aus kurzsichtigen Gründen im Wassersportparadies Ostsee eingeschränkt.

Am 30. November, 13 Uhr, endete die Frist zur Abgabe des Kauf-
angebotes. Verkäufer ist die in Frankfurt am Main ansässige VEBEG,
das Verwertungsunternehmen des Bundes (»Aus Beständen der Bun-
deswehr und anderer öffentlicher Auftraggeber verkaufen wir laufend
überschüssige Artikel aller Art ab Standplätzen im gesamten Bundes-
gebiet«). Das Objekt mit der Nr. 04829.001 liegt in Greifswald an
der Pier und wurde am 1. November auf der Homepage der VEBEG
ausgeschrieben (https://vebeg.de/images/lospics/29/04829.001.pdf).
In der Ausschreibung waren auch die Bedingungen für den Fall der
Übernahme genannt, unter Punkt drei heißt es: »Der Name des
Motorschiffes darf vom Käufer nicht übernommen werden.«
Der Name des Motorschiffes lautet »Artur Becker«.

Das Schiff wurde von der VEBEG verkauft. Es war gemäß Sachver-
ständigengutachtens für 180.000 Euro ausgeschrieben worden. Das
Höchstangebot gab ein dänischer Bieter ab. Der Bruttoverkaufspreis
soll 81.100 Euro betragen haben, wovon der Stadt Greifswald, dem
Eigner der »Artur Becker«, vermutlich knapp 74.000 Euro zuflos-
sen. Das Schiff soll künftig im Off-Shore-Bereich vermutlich als Ver-
sorger oder Wohnschiff eingesetzt werden, sagte der dänische Käufer.

Flottenträume

Von Ferdinand Freiligrath

1.
Sprach irgendwo in Deutschland eine Tanne:
»O, könnt' ich hoch als deutscher Kriegsmast ragen!
O, könnt' ich stolz die junge Flagge tragen
Des ein'gen Deutschlands in der Nordsee Banne!

Dann wär' ich Fähnrich, ha! wo Mann an Manne
Blutrünst'ge Krieger deutsche Seeschlacht schlagen;
Wo deutsche Segler, grimm und ohne Zagen,
Den fremden Entrer hauen in die Pfanne!

Dann leuchtet wohl, die Brust vom Stahl gekerbt,
Ein Held an mir in des Gefechtes Gluten,
An meinem Stamme schweigend zu verbluten!

Indes mich jetzt das Blut des Wilddiebs färbt,
Des armen Wilddiebs, hinterrücks erschossen,
Der mir zu Füßen hinsinkt in die Sprossen!«

2.
Schwarz, Rot und Gold! Frei weht ihr auf den Stangen
Und Masten jetzo, gürtend rings das Land!
In tausend Wimpeln, einst verpöntes Band,
Hat dich der Ozean selber umgehangen!

O, ständen jetzt, die Anno Neunzehn sangen,
Dass dich zerschnitten der Gewalt'gen Hand;
O, ständen jetzt, die man um dich verbannt,
Verrats beschuldigt, ach! und schnöd gefangen:

O, ständen alle jetzt auf diesen Höhen,
Frisch, wie am Tag, da man auf Wartburg zog,
Dass sie dich glühn in deinen ehren sähen!

Sie staunten wohl und riefen Hurra hoch!
Stoßt an, stoßt an! Wie sich die Dinge drehen.
Der alte Ozean auch noch Demagog!

3.
Wie unsre mut'gen Orlogsmänner heißen?
Komm mit aufs Meer, ich will es dir verkünden!
Da drüben der mit sechzig Feuerschlünden,
Das ist »der Arndt!« Du siehst die Goldschrift gleißen!

Hier die Fregatte, bauschig rings von weißen,
Halbvollen Segeln, kämpfend mit den Winden –
O Gott, ihr Name mahnt an alte Sünden! –
»Die Sieben« heißt sie! Mag kein Strick ihr reißen!

Dort die Korvette, segelnd wie der Blitz,
Es ist die »Hansa«! Doch am Ufer diese,
Stolz wie ein Schwan, die »Königin Luise«!

Der Dreimast drüben ist der »Alte Fritz«!
Und hier voll Zorns der schlagbereite Kutter,
Du ahnst es schon, das ist der »Doktor Luther«!

4.
Und andre noch will ich dir rühmend zeigen;
Sie kreuzten wohl und kehren jetzt vom Zuge;
Sie wehn heran mit majestät'schem Fluge:
Der »Alexander Humboldt« führt den Reigen!

Ha, sieh den »Goethe« tief sein Bugspreit neigen!
Ihm nach der »Schiller«, auch mit tiefem Buge!

»Die freie Presse« lässt mit gutem Fuge
Leuchtende Kugeln in die Lüfte steigen!

Die fernsten drüben kann ich nicht erraten!
Lass' ungenannt sie vor dem Winde laufen!
Eins ist gewiss: sie haben tücht'ge Paten!

Wir brauchen Namen wahrlich nicht zu kaufen!
Wir haben Männer, haben Tage, Taten:
Mehr Schiffe nur! Wir wollen sie schon taufen!

5.
So seh' im Geist ein trutzig Kriegsgeschwader
Ich Wacht sie halten, festiglich und stete,
Wo weiland nur des Ewers Wimpel wehte,
Ein Buxtehuder etwa oder Stader;

Da naht der Feind, und mit ihm naht der Hader!
Aufzischt gen Himmel die Signalrakete,
Die Trommel wütet, und an die Lafette
Schlachtatmend tritt das rüst'ge Volk der Lader!

Das Sprachrohr heischt: da birst mit tausend Schüssen
Ihr Flammengruß aus den metallnen Läufen;
Umsinkt der Mast, das Tauwerk zuckt zerrissen!

Grau ballt der Rauch sich, wirre, zorn'ge Streifen!
Ein Ruck, und Schiff hat sich in Schiff verbissen:
O ernste Schule, drinnen Männer reifen!

6.
Doch wenn zuerst in Meer- und Pulvernebel
Wir also schwimmend Volk an Volk gerungen;
Wenn eine Seeschlacht Lorbeern uns geschlungen
Um unsre Lunten und um unsre Säbel:

Dann seid gedenk! An Schiffen sitzen Schnäbel!
Drauf, ihr Matrosen und Kajütenjungen!
Den wucht'gen Hammer und das Beil geschwungen!
Die Schnäbel ab! und bringt sie heim als Hebel!

Als Hebel? – Ja! – Ihr, die mit heiterm Spähen
Am Strand ihr jauchztet unsrer frischen Kühne
Und lächelnd ansaht unser salzig Rennen:

Ihr Bannerherrn, wohin mit den Trophäen?
Sorgt für ein Forum, schafft die Rednerbühne,
Dass wir, wie Rom, das Beste schmücken können!

St. Goar, Juli 1843

Quelle:
Ferdinand Freiligrath: Werke in sechs Teilen, Bd. 2, Berlin [1909], S. 77f.

»Unsere Zukunft liegt auf dem Wasser«

Der deutsche Kaiser Wilhelm II. wurde gewiss nicht vom nationalpatriotischen Dichter Freiligrath zu seinem Flottenrüstungsprogramm inspiriert. Dafür gab es andere Gründe, auf die eingegangen werden muss. Sie liefern nämlich die Ursache für etliche Wracks auf dem Ostseegrund, die im Weiteren eine Rolle spielen sollen.

Deutschland, im Schlosse zu Versailles 1871 zum Kaiserreich proklamiert, besaß bereits eine, wenngleich kleine Flotte. Im Jahr des Dienstantritts von Wilhelm, 1888, lag sie im Mittelfeld in Europa, und sie war – wie es unter Militärs hieß – defensiv ausgerichtet. Das sollte sich ändern. In kurzer Zeit wurde aus dem Agrarstaat Deutschland ein Industriestaat, der sich bei der Verteilung der Erde zu kurz gekommen sah. Darum drängte das imperiale Kaiserreich auf eine Neuaufteilung der Welt, nach einem »Platz an der Sonne«. Überseeische Kolonien aber waren nur mit Schiffen zu erobern und zu erreichen. Deshalb musste ein Flottenprogramm her. Maßgeblichen Anteil an dessen Formulierung hatte Admiral Alfred von Tirpitz (1849–1930), der 1897 zum Staatssekretär des Reichsmarineamtes berufen wurde. Mit seinem Konzept begann das Wettrüsten zur See mit dem Vereinigten Königreich, der damals stärksten Kolonialmacht.

Tirpitz hatte 1890 mit einem Memorandum auf sich aufmerksam gemacht, das den Kaiser zu der Überzeugung brachte, dass die Zukunft Deutschlands auf dem Wasser läge. Tirpitz war im Unterschied zu seinem Vorgänger Fritz von Hollmann fortschrittsgläubiger, aggressiver und nationalistischer. Admiral Hollmann hatte noch am 27. Juli 1889 mit dem Kaiser gewettet hatte, dass binnen zwanzig Jahren alle Schiffe der Flotte wieder die Takelage einführen würden. Hintergrund war die Tatsache, dass in den 80er Jahren ein neues Antriebssystem den Schiffsverkehr revolu tionierte. Es begann der Umstieg von Wind auf Dampf, von Holz auf Stahl. Damit wurde die Schifffahrt wetterunabhängig, die Reichweiten wurden größer und die Feuerkraft konnte erhöht werden: Der Wegfall der Takelage machte das Oberdeck frei für Artilleriegeschütze. Und diese wiederum konnten vergrößert werden, was wiederum die Schussweite und die Schlagkraft erhöhte.

Von Hollmann war also erkennbar ein Mann von gestern, von Tirpitz gehörte die Zukunft im imperialistischen Deutschland. Im Sommer 1894 formulierte er unter dem harmlosen Titel »Allgemeine Erfahrungen aus den Manövern der Herbstübungs-Flotte«, die noch nicht einmal mit seinem Namen gezeichnet worden war, eine Denkschrift, die die Richtung wies. Diese »Dienstschrift IX« bildete die ideologische Basis für seine zwanzig Jahre während Tätigkeit an der Spitze des Reichsmarineamtes. Denn als er diese Aufgabe 1897 übernahm und gefragt wurde, was er zu machen gedenke, erklärte er: »Das, was in der Dienstschrift IX steht.« Und damit meinte er: »Ein Staat, der See- oder, was hierfür gleichbedeutend ist, Weltinteressen hat, muss sie vertreten und seine Macht über seine Territorialgewässer hinaus fühlbar machen können. Nationaler Welthandel, Weltindustrie, Weltverkehr und Kolonien sind unmöglich ohne eine der Offensive fähige Flotte.«

Deutschland sei als »See- und Weltstaat« untergegangen, als die »Seemacht der Hanse brach«. Und daraus zog von Tirpitz den Schluss, zur See aufrüsten zu müssen, wenn Deutschland wieder »Weltstaat« werden wollte.

Zur Finanzierung des Flottenprogramms verabschiedete der Reichstag 1898 und 1900 zwei Flottengesetze. Bis 1917 sollte massiv aufgerüstet werden, dafür waren jährlich etwa 300 Millionen Mark vorgesehen.

Großbritannien, das sich zurecht unmittelbar herausgefordert sah, reagierte sowohl mit eigenen Rüstungsanstrengungen wie auch mit der Bildung von Bündnissen (mit Japan 1902, mit Frankreich 1904). Auf diese Weise wurden die bislang dort gebundenen Kapazitäten der »Grand Fleet« frei für die Auseinandersetzung mit dem kaiserlichen Deutschland. Die Entwicklung bei den

Das britische Schlachtschiff »Dreadnought«, 1906. Es bedeutete einen Quantensprung bei der Seerüstung: Panzerung, Dampfantrieb, Sprenggranaten und Schnellfeuerkanonen machten es bisherigen Kriegsschiffen überlegen

Schlachtschiffen führte 1906 zu einem Quantensprung, als die H.M.S. »Dreadnought« vom Stapel lief. Sie übertraf alle vorigen Linienschiffe in Kampfkraft, Geschwindigkeit und Standfestigkeit – und auch bei den Baukosten.

Das Reichsmarineamt wollte nachziehen. Dazu musste jedoch das Flottengesetz im Reichstag novelliert werden. An diesen Nachforderungen zerbrach das bislang bestehende parlamentarische Bündnis von Bankkapital, Industrie und Großagrariern. Letztere träumten nicht weniger von der Weltherrschaft, waren aber nicht davon überzeugt, dass die Zukunft auf dem Wasser läge. Daraufhin trat der preußische Ministerpräsident Bernhard von Bülow (1849-1929) als Reichskanzler zurück. Er unterstützte die Linie von Tirpitz und war auch sonst Wortführer einer aggressiven Außenpolitik. Sein Name stand für den Bau der Bagdadbahn und

Die deutsche Reaktion auf »Dreadnough« (»Fürchtenichts«):
Schlachtschiffe der Nassau-Klasse, von denen ab 1907 vier gebaut
wurden. Kosten je Schiff: bis zu 40 Millionen Goldmark

die Niederschlagung des Herero-Aufstandes in Deutsch-Südwest-afrika. Ihm folgte 1909 Theobald von Bethmann Hollweg (1856–1921). Der (nunmehr ehemalige) preußische Innenminister und Staatssekretär des Innern galt als etwas moderater sowohl nach innen wie auch nach außen. Er vermochte es, die Sozialdemokratie in einen Burgfrieden einzubinden und damit gleichsam zu paraly-sieren. Und gegenüber dem Ausland gab er sich weniger imperial als sein Vorgänger. »Unsere auswärtige Politik allen Mächten gegenü-ber ist lediglich darauf gerichtet, die wirtschaftlichen und kulturel-len Kräfte Deutschlands frei zur Entfaltung zu bringen. Diese Richtlinie ist nicht künstlich gewählt, sondern ergibt sich von selbst aus dem Dasein dieser Kräfte. Den freien Wettbewerb anderer Nationen kann keine Macht auf der Erde mehr ausschalten oder unterdrücken«, so Bethmann Hollweg 1910 im Reichstag.

Das von Tirpitz vorgelegte Flottenrüstungsprogramm wurde reduziert. Mit der im Mai 1912 verabschiedeten Flottennovelle, die zahlenmäßig nur eine Vermehrung von drei Linienschiffen und zwei kleinen Kreuzern brachte, sollte die deutsche Schlachtflotte bis 1920 auf fünf Geschwader mit je acht Linienschiffen ausgebaut werden. Der Gesamtbestand sah 41 Linienschiffe, 20 Große bzw. Panzerkreuzer und 40 Kleine Kreuzer vor. Tirpitz hatte noch von 60 Großkampfschiffen geträumt. Das Geld floss nunmehr vorrangig in die Aufrüstung des Heeres.

Der Erste Weltkrieg

Alle imperialistischen Staaten Europas wollten den Kampf um Territorien, Märkte und Rohstoffe militärisch austragen. Weite Teile Afrikas und Asiens waren in der zweiten Hälfte des 19. Jahrhunderts von den europäischen Großmächten besetzt worden, das kaiserliche Deutschland wähnte sich dabei zu kurz gekommen und wollte darum eine Neuaufteilung. Die anderen Staaten sahen es ähnlich. Dazu hatten sie sich zu Bündnissen zusammengeschlossen. Großbritannien, Frankreich und Russland standen als »Entente« dem »Dreibund« aus Deutschland, Österreich-Ungarn und Italien gegenüber.

Das Attentat auf den österreichisch-ungarischen Thronfolger am 28. Juni 1914 in Sarajevo lieferte die von allen Seiten gewünschte Initialzündung. Zunächst erklärte Österreich Serbien den Krieg. Das zaristische Russland – das eigene Interessen auf dem Balkan verfolgte und ursächlich an der seit Jahren schwelenden »Balkan-Krise« beteiligt war – machte daraufhin mobil, was Deutschland veranlasste, am 1. August Russland den Krieg zu erklären. Daraufhin wurde die Entente aktiv. In der Folge erklärten sich Deutschland, Österreich-Ungarn, Frankreich, Großbritannien und Belgien wechselseitig den Krieg, Japan, mit der Entente verbunden, trat am 23. August 1914 in den Krieg ein, um seine Besitzungen in China und in der Mandschurei auszudehnen usw.

Dutzende Staaten griffen in der Folgezeit aktiv in die Kampfhandlungen in Europa, im Nahen Osten, in Afrika, Ostasien und auf den Meeren ein. Rund 17 Millionen Menschen sollten schließlich diesem weltumspannenden Krieg zum Opfer fallen.

Die Schlachten, die auf dem Meer ausgetragen wurden, besaßen aus deutscher Sicht im Jahr 1914 entscheidende Bedeutung. Allerdings täuschten sich Tirpitz & Co. auch darin: Sie waren nicht von ausschlaggebender Bedeutung, auch wenn die Seeschlacht vor dem Skagerrak vom 31. Mai 1916 bis zum 1. Juni 1916 zwischen der deutschen Hochseeflotte und der britischen »Grand Fleet« zur »größten Seeschlacht der Weltgeschichte« hochstilisiert wurde. Die Blockade der Nordsee durch die Royal Navy trug zur Erschöpfung der Mittelmächte bei, die Blockaden der Ostsee und der Dardanellen hatten wesentlichen Anteil an der Niederlage der russischen Armee.

Um die nicht auszugleichende Überlegenheit der britischen Flotte bei den Überwasserschiffen zu kompensieren, forcierte die

Prinz Heinrich von Preußen (1862–1929), jüngerer Bruder Kaiser Wilhelms II.
Der Großadmiral wurde zu Beginn des Krieges zum Oberbefehlshaber der Ostsee ernannt

kaiserliche Marine – gegen die Intentionen von Großadmiral von Tirpitz, der auch deshalb 1916 in Rente geschickt wurde – Entwicklung und Bau von U-Booten. Am 22. Februar 1915 befahl die deutsche Reichsregierung den uneingeschränkten U-Boot-Krieg in den Gewässern um die britischen Inseln gegen Handelsschiffe kriegführender und neutraler Staaten. So versenkte am 13. Mai U 20 den britischen Passagierdampfer »Lusitania«, wobei auch 114 US-Bürger starben, was die USA à la longue veranlasste, ebenfalls in den Krieg einzutreten. Nach der Skagerrak-Schlacht, die Deutschland taktisch gewann, jedoch strategisch verlor, war die deutsche Admiralität der Ansicht, durch einen uneingeschränkten U-Boot-Krieg Großbritannien innerhalb von sechs Monaten besiegen zu können. Zwischen Februar und Dezember 1917 versenkten deutsche U-Boote im Schnitt im Monat rund 600.000 Bruttoregistertonnen. Es gelang damit jedoch nicht, den Nachschub aus den USA nach Großbritannien nachhaltig zu stören. Der »uneingeschränkte U-Boot-Krieg« endete erst im Oktober 1918, als sich die deutschen Matrosen zu erheben begannen und der Druck der Massen zunahm, so dass am 9. November 1918 das kaiserliche Regime mit der Flucht Wilhelms II. zusammenbrach.

Auf deutscher Seite erfolgten während des Ersten Weltkrieges 3.274 Einsätze von 320 Booten, bei denen 6.394 zivile Schiffe mit insgesamt 11.948.792 BRT und 100 Kriegsschiffe mit 366.249 BRT versenkt wurden. 200 deutsche U-Boote sanken oder wurden als verschollen gemeldet, 5.132 U-Boot-Fahrer starben.

In Versailler wurde mit Deutschland abgerechnet. Die nicht minder mit Kriegsschuld beladenen Mächte legten 1919 unter anderem fest: »Nach Ablauf einer Frist von zwei Monaten vom Inkrafttreten des gegenwärtigen Vertrages an dürfen die deutschen in Dienst befindlichen Seestreitkräfte nicht mehr betragen als:

6 Schlachtschiffe der Deutschland- oder Lothringen-Klasse,
6 Kleine Kreuzer,
12 Zerstörer,
12 Torpedoboote oder eine gleiche Zahl von Schiffen, die zu ihrem Ersatz gebaut werden, wie in Artikel 190 vorgesehen.

Unterseeboote dürfen darunter nicht enthalten sein.

Alle anderen Kriegsschiffe müssen außer Dienst gestellt oder für Handelszwecke verwandt werden, sofern der gegenwärtige Vertrag nicht das Gegenteil bestimmt.« (Artikel 181)

»Es ist Deutschland verboten, irgendwelche Kriegsschiffe zu bauen oder zu erwerben, außer zum Ersatz der in Dienst befindlichen Einheiten gemäß Artikel 181 des gegenwärtigen Vertrages.« (Artikel 190)

Wracks der kaiserlichen Marine in der Ostsee

Der Untergang der SMS »Wacht«

Am 4. September 1901 stieß der 1887 gebaute Kleine Kreuzer »Wacht« mit dem Linienschiff »Sachsen« zusammen und sank. Der Schiffsunfall erfolgte im Rahmen eines Herbstmanövers und etwa acht Seemeilen vor Kap Arkona auf Rügen. Dort liegt es noch immer in 42 Metern Tiefe.

Mehr als hundert Jahre später tauchten wir im Auftrag des Landesamtes für Bodendenkmalpflege nach dem Wrack, um eine wissenschaftliche Gesamtbeurteilung vorzunehmen. Es war 1980 vom Institut für Meeresforschung wiederentdeckt worden, nachdem Marinetaucher 1901 vermutlich erst- und letztmalig die Wrackstelle beräumt hatten. Man hatte den Mast niedergerissen und die Flagge geborgen.

Bevor ich unseren Tauchgang und die Beobachtungen beschreibe, will ich auf das Schiff und den Untergang eingehen.

Das traditionelle Herbstmanöver der kaiserlichen Marine begann mit Verspätung. Die Linienschiffe des Ostasiatischen Kreuzergeschwaders, beschäftigt mit der Niederschlagung des sogenannten Boxeraufstandes in China, waren, wie befohlen, am 11. August 1901 noch nicht in der Deutschen Bucht eingetroffen. Elf Tage später versammelte sich endlich die gesamte Manöverflotte in der Kieler Bucht, und nach Schießübungen dampfte sie in Richtung Danziger Bucht.

Unterwegs erhielten die SMS »Hela« und die »Wacht« am 4. September nördlich von Rügen den Befehl, durch die in Kiellinie dampfende Flotte nach backbord durchzubrechen. Dieses Manöver misslang der »Wacht« jedoch. Das Schiff geriet direkt vor

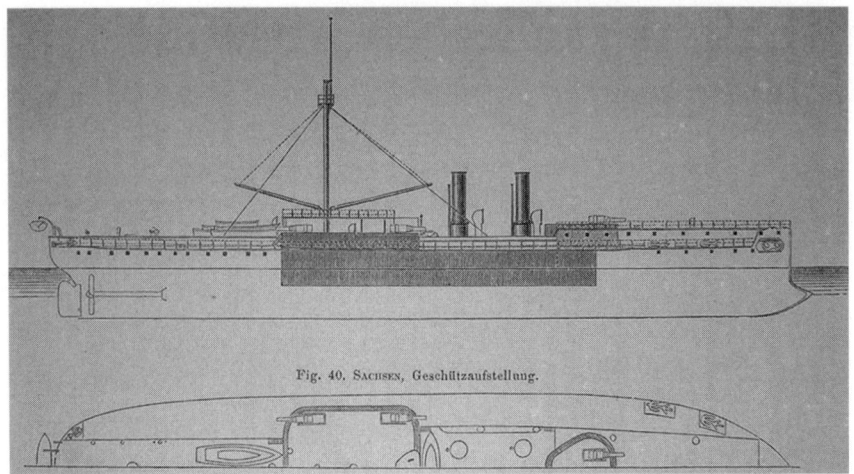

Fig. 40. SACHSEN, Geschützaufstellung.

Die SMS »Sachsen«, eine von vier Panzerkorvetten dieser Klasse, rammte am 4. September 1901 das Aviso »Wacht« – eine Art Postschiff – vor Rügen

die SMS »Sachsen« und wurde von dieser mittschiffs gerammt. Da das Schiff langsam sank, konnte die gesamte Besatzung geborgen werden.

Später unternommene Versuche, das Schiff zu heben, blieben erfolglos. Daher wurden nur Teile des Wracks geborgen. Der Kommandant der »Wacht«, Korvettenkapitän Hugo von Cotzhausen, musste sich vor einem Kriegsgericht verantworten.

Der Vorwurf lautete auf Fahrlässigkeit in Ausübung seines Dienstes, wodurch er den Untergang der »Wacht« herbeigeführt habe. Im Protokoll der Sitzung des Gerichts vom 6. November 1901 hieß es: »Am Vormittag des 4. September 1901 evolutionierte die Übungsflotte nordöstlich vor Arkona unter dem Flottenchef Admiral v. Köster. Die Formation war ›Geschwaderdwarslinie aus Divisionskiellinie‹. Backbord von der II. Division fuhr der ihr zum Signalwiederholen beigegebene Kleine Kreuzer ›Wacht‹ (1.250 t). Durch die Ausführung des Signals ›Steuerbord‹ wurde ›Geschwaderkiellinie aus Divisionsdwarslinie Backbord rangiert‹ gebildet.

Auf das weitere Signal ›Gliederwechsel in der Flotte‹ fuhren die Schiffe der II. Division durch die steuerbords von ihren Vorder-

SMS »Wacht«, als Kleiner Kreuzer deklariert und 1888 in Dienst gestellt, war nach einer schweren Kesselexplosion, bei der vier Mann starben, überholt und am 11. August 1901 wieder aktiviert worden

leuten befindlichen Lücken und befanden sich nach einigen Minuten vor der I. Division. ›Wacht‹ folgte und hatte die I. Division eben passiert, als auf das Signal ›Wendung BB‹ die Linienschiffe die ursprüngliche Formation derart wiederherzustellen in Begriff standen, dass die II. Division sich nunmehr StB von der I. befand. Die Abstände der Geschwader voneinander betrugen 300 Meter. Bei ca. 100 Metern Schiffslänge waren die freibleibenden Linien zwischen den Schiffen demnach etwa 200 Meter weit. Durch dieses Manöver kam ›Wacht‹ in bedrängte Lage. Sie steuerte schon an und musste ihr Handruder benutzen, da der Dampfsteuerapparat defekt war. ›Wacht‹ musste, um ihren Posten StB von der II. Division einzunehmen, zwischen den in voller Drehung begriffenen Linienschiffen ›Württemberg‹(7.690 t) und ›Sachsen‹ (7.690 t) hindurchbrechen und kam in bedrängte Lage. Es bestand die Gefahr einer Kollision mit einem dieser Schiffe. Und in der Tat sah sie sich in wenigen Sekunden von ›Sachsen‹

schwer bedroht. Auf beiden Schiffen ertönte das Signal ›Schotten dicht‹. Die Kommandanten der Schiffe gaben in Erkenntnis der Lage das Kommando ›Äußerste Kraft zurück‹; auf SMS ›Sachsen‹ um die Gewalt des Rammstoßes zu mindern, auf SMS ›Wacht‹ um den Punkt möglichst mittschiffs zu bekommen und um die hintere Maschine zu schützen. Der Rammstoß traf infolgedessen um 10.21 Uhr die Steuerbord-Seite in Höhe des Schornsteins. Die ›Sachsen‹ hatte zu diesem Zeitpunkt noch etwa 4 bis 5 sm/h Fahrt.

Auf das Fahrstörungssignal beider Schiffe hatte die Flotte das Manöver sofort unterbrochen.

Durch das gerammte Leck drang das Wasser schnell in den Heizraum und die benachbarten Abteilungen. Der Bug sank, und das Schiff neigte sich nach Steuerbord. Das Fahrzeug begann schnell zu sinken. In Erkenntnis dieser Lage ließ der Kommandant die Feuer aus den Kesseln reißen, um eine Kesselexplosion zu vermeiden und um die unter Deck befindlichen Besatzungsmitglieder, die nach oben kamen und in den Booten zu Wasser gingen, nicht zu gefährden. Inzwischen eilten von allen Seiten die Kutter der Schiffe und die Torpedoboote zur Hilfe herbei.

Der Versuch von SMS ›Weißenburg‹, das sinkende Schiff auf flacheres Gewässer zu schleppen, misslang, da die Katastrophe zu früh eintrat. Um 10.53 Uhr sank die ›Wacht‹. Die Mannschaften hatten inzwischen das Schiff verlassen, so dass keine Menschenleben zu beklagen waren.

Nur der Kommandant Korventtenkapitän Hugo von Cotzhausen und der 1. Offizier, Oberleutnant zur See Walter, standen noch auf dem Heck. Als auch dieses sank, sprang der Kommandant als letzter vom Schiff ins Wasser und wurde von einem Kutter aufgenommen und zum Flottenflaggschiff gebracht.

SMS ›Sachsen‹ wurde nur unerheblich beim Rammstoß beschädigt.

Der Kommandant der ›Wacht‹ hatte dem Flottenkommando und dem 2. Admiral des I. Geschwaders vor dem Manöver bereits berichtet, dass er auf seinem Schiff aufgrund einer Störung und

Havarie des Dampfsteueraggregates seit dem 29. August 1901 nur auf das Handruder angewiesen sei.

Der Vorwurf der Fahrlässigkeit in Durchführung seines Dienstes trifft KK Hugo v. Cotzhausen nicht. Er wird von der Anklage nach § 142 Marinestrafgesetzbuch freigesprochen. Auch vom Vorwurf, gegen § 35 des Flottenexerzierreglements verstoßen zu haben, wonach es dem Signalwiederholer gestattet ist, beim Manöver die Formation eigenverantwortlich zu durchscheren, wofür es unterschiedliche Interpretation gibt, wird er freigesprochen.«

Per Verfügung vom 24. September 1901 wurde die Abräumung der Wrackstelle in der Zeit vom 30. September bis 3. Oktober 1901 befohlen. Taucher stellten fest, dass das Wrack vorne bis zur Back im Schlamm liege, achtern ragten die Schraubenwellen noch etwas aus dem Schlamm hervor.

Natürlich stellt sich auch hier die Frage: Was waren das für Menschen, wer, zum Beispiel, war dieser Korvettenkapitän mit dem etwas, nun ja, ungewöhnlichen Namen? Woher kamen die Kommandeure der kaiserlichen Marine?

Untergang von SMS »Wacht«, links SMS »Weißenburg«

*Kapitän z. S. von Cotzhausen.
Oben: das Ehepaar mit Tochter
Sigrid, Aufnahme aus den 30er
Jahren. Unten: Rittergut Wedau,
das er vom Vater übernahm*

*Von Cotzhausen war ein typischer Vertreter der kaiserlichen Militärs:
Sohn eines Rittergutsbesitzers und Admirals, mit 16 Kadett, 1888
Hochzeit mit einer schwedischen Baronesse, zwei Töchter, 1909 Konteradmiral, 1910 aus der Marine ausgeschieden. Ab 1917 führte er
bis zum Tode das vom Vater übernommene Familienmajorat Wedau*

Grabstein derer von Cotzhausen auf dem Friedhof von Linnich bei Aachen. Die Inschrift lautet: Hugo Freiherr von Cotzhausen-Wedau, Konteradmiral a. D., Letzter seines Namens auf Rittergut Wedau. 14.V.1863 – 18.XI.1947. Es folgen noch Sigrid Freifrau von Cotzhausen, 6.VI.1900 – 4.VI.1987, und Elsa Freifrau von Cotzhausen, geb. Freiin Banér, 12.X.1875 – 2.VII.1941

Tauchgang 2004

Bei der Tauchuntersuchung am Wrack, vom Landesamt für Bodendenkmalpflege Mecklenburg-Vorpommern, Sonderprojekte, sollte zunächst eine Gesamtbeurteilung vorgenommen werden. Nach über 100 Jahren auf dem Meeresgrund zeigte sich der Wrackkörper relativ gut erhalten, obwohl viel Holz an diesem Schiff verwendet worden war. Der geringe Salzgehalt der Ostsee (im Vergleich etwa zur Nordsee) erwies sich als Vorzug. Der Bewuchs mit Lebewesen war ebenfalls begrenzt, es ließen sich Miesmuscheln nieder und vereinzelt Seeanemonen.

Die Grenze der Salzwasserkonzentration, dies nur nebenbei, bildet die Darßer Schwelle. Je nach Jahreszeit und Wetter strömt schwereres Salzwasser in die Ostsee ein.

Abgesehen von den Tauchgängen 1901 und 1980 blieb das Wrack offiziell unbehelligt. Allerdings deuteten einige Indizien darauf hin, dass in jüngerer Zeit – ich vermute in den 90er Jahren – Teile unsachgemäß und unzulässig entfernt worden sein könnten. Auffällig ist das glattgezogene Deck. Verschiedene Deck-

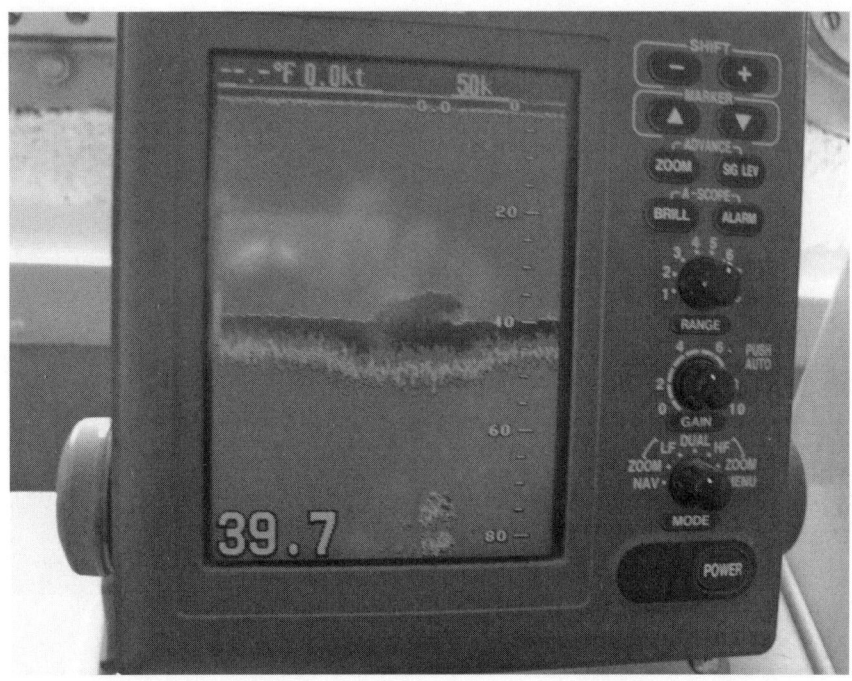

Das Wrack der »Wacht« auf dem Monitor des Sonars ...

saufbauten, etwa Kartenhaus und Schornstein, lagen neben dem Rumpf, was bereits mit dem Sonar festgestellt werden konnte. Dann geht es hinunter. Ohne Scheinwerfer ist in dieser Tiefe

... und als Sonarbild

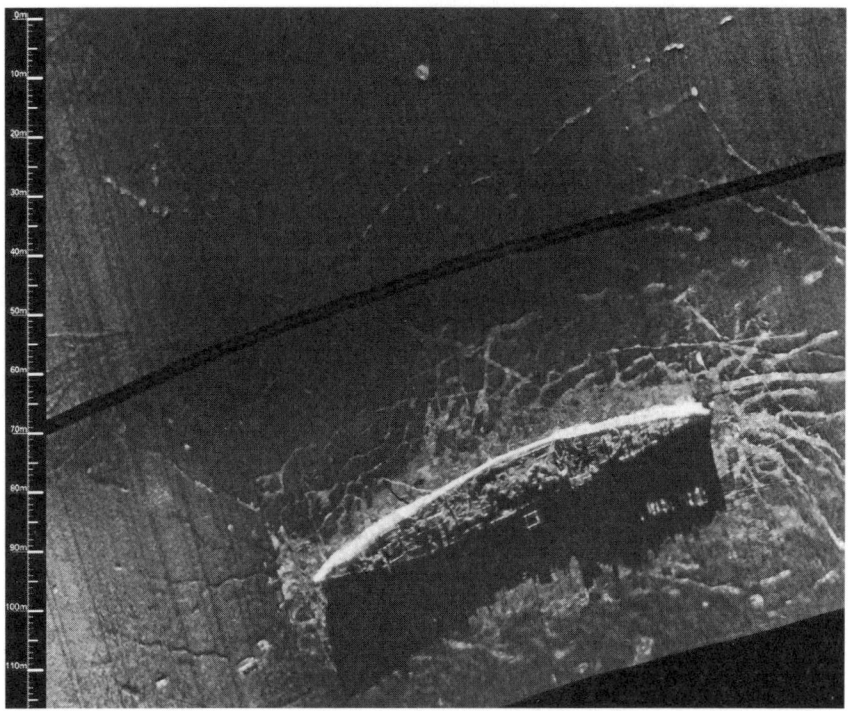

Der Schiffskörper in 42 Meter Tiefe als elektronischer Scan

nichts zu sehen. Wir inspizieren oberflächlich das 85 Meter lange Wrack. Der Rumpf ist mit einer dicken Schicht von Pfahlmuscheln und Staub überzogen, was die Orientierung am Wrack nicht leicht macht. Der Staub hat einen leichten silberfarbenen Anflug, was wohl auf die Nähe der Kreideküste zurückzuführen ist. In Jahrzehnten hat das Wasser die Partikel herübergetragen, die sich hier ablagerten.

Lässt man sich am Bug nach unten sinken, bekommt man einen guten Eindruck vom scharfen Rammsporn. Er durchpflügte die Nordsee, als das Schiff an einem Flottenbesuch in Großbritannien teilnahm, und das Mittelmeer, als SMS »Wacht« den Kaiser begleitete, als der in Athen an der Hochzeit von Kronprinz Konstantin und Sophie von Preußen teilnahm. Das Schiff nahm an unzähligen Manövern in Nord- und Ostsee teil, fuhr bis hinauf nach Norwegen und zu den Shetland-Inseln. Der Einsatz

Sprung ins Wasser und Abtauchen zum Wrack

wurde immer wieder unterbrochen durch Werftliegezeiten: wegen Rohrbrüchen, Kesselreparaturen, Schiffskollisionen, Maschinenüberholungen, Havarien mit der Schiffswelle usw.; die vierzehn Jahre Schiffsleben waren, wie aus den Unterlagen ersichtlich, eine Abfolge von Pannen und Ärgernissen. Alles ist mit deutscher Gründlichkeit dokumentiert. So bekommt das Wrack auch nach einem Jahrhundert noch Geschichte und ist mehr als nur ein Haufen bewachsener Schrott auf dem Ostseegrund.

Achtern kann man durch verschiedene Öffnungen in den Mannschaftsraum schauen, wo noch die Kojen zu erkennen sind. Die Besatzung zählte damals 141 Mann.

Umrundet man der Rumpf an der Backbord-Seite, gelangt man ungefähr mittschiffs an die Stelle, die durch den Rammstoß des Linienschiffs »Sachsen« aufgerissen wurde. Das Leck führte zum Untergang des Schiffes.

Inzwischen bin ich wiederholt allein und mit anderen hinabgetaucht. Einen bleibenden Eindruck hinterließ jedesmal ein Gast am und im Wrack: die gelbe Nesselqualle, auch Feuerqualle genannt. Gemessen an der Zahl dieser bis einen halben Meter Durchmesser großen Nesseltiere scheinen sich diese hier beson-

Der Schriftzug am Bug des Schiffes, von Miesmuscheln bekränzt

ders wohl zu fühlen. Natürlich haben sie etwas Majestätisches, wenn sie mit ihrer langen Tentakel, einer Löwenmähne gleich, durch das Wasser treiben. Aber Vorsicht: Die Tentakel haben giftige Nesselzellen, die bei der Berührung mit der Haut Gift aus-

SMS »Wacht«: Ankerwinsch im Bugbereich

schütten. Danach schwillt diese an, es ist so, als sei man barfuß durch Brennnesseln gelaufen.

Nun ist zwar der größte Teil des Körpers mit einem Tauchanzug geschützt, doch die Hände und die Mundpartie sind frei. Da man die fast unsichtbaren dünnen Nesselarme schlecht sieht, kann man auch kaum ausweichen. Aber unser Smutje steht an Deck stets mit einer Schüssel Essiglösung und leistet Erste Hilfe. Bei einem Tauchgang erwischte es einmal alle 26 Taucher, die am Wrack waren.

Der Untergang von SMS »Undine«

Der Admiralstab der Marine meldete am 8. November 1915: »Am 7. November nachmittags wurde der Kleine Kreuzer ›Undine‹ bei einer Patrouillenfahrt südlich der schwedischen Küste durch zwei Torpedoschüsse eines Unterseebootes zum Sinken gebracht. Fast die ganze Besatzung ist gerettet.« Das war alles.

Zur Einordnung des Vorganges muss ich ein wenig ausholen.

Die Ostsee gehörte, da ein Binnenmeer, nicht zu den zentralen Schlachtfeldern auf See. Das hing nicht zuletzt mit den engen Zufahrten zusammen. Der Kleine und der Große Belt um Fünen sowie der Sund waren schlecht zu navigieren, und nur ab und an gelangte ein britisches U-Boot unbemerkt hindurch. Die Royal Navy war in der Ostsee zunächst kaum präsent. Hingegen konnte die deutsche Flotte ihre Schiffe binnen 15 Stunden durch den Kaiser-Wilhelm-Kanal, der kurz vor Kriegsbeginn für die Passage von Großkampfschiffen erweitert worden war, von der Ost- in die Nordsee verlegen und bei Bedarf auch umgekehrt. Doch das war nicht unbedingt erforderlich.

Das zaristische Russland, der Gegner im Osten, hatte seine maritimen Fähigkeiten im russisch-japanischen Krieg verloren. Bei Tschuschima war am 27./28. Mai 1905 die gesamte Baltische Flotte der Russen, welche zuvor in acht Monaten um die halbe Welt gefahren war, um die Japaner zu bezwingen, auf den Grund der Korea-Straße geschickt worden. Bis zum Beginn des Weltkrieges war Russland jedoch nicht in der Lage, die Verluste seiner Baltischen Flotte auszugleichen. Nach 1915 erst erhielt die Marine vier neue Großkampfschiffe mit starker Artillerie und 23.000 BRT. Hinzu kam noch, dass die deutsche Marine mittels Minensperren die russischen Schiffe nahezu in ihren Häfen blockierte.

So blieb denn die Ostsee von Seeschlachten weitgehend verschont. Die deutsche Ostsee-Flotte unter dem Oberbefehl von Großadmiral Prinz Heinrich von Preußen, einem Bruder von Wilhelm II., bestand aus fünf modernen und zwanzig älteren Schiffen einschließlich Fähren, Passagier- und Fischdampfern sowie aus drei U-Booten. Deren Hauptaufgabe – so lautete Befehl Nr. 11 des Chefs des Admiralstabes an den Oberbefehlshaber der Ostseestreitkräfte am 30. Juli 1914 – war die Beherrschung der mittleren und westlichen Ostsee.

Ferner sollten russische Landungsunternehmen im Rücken des deutschen Ostheeres und das Einsickern britischer U-Boote verhindert werden.

Priorität hatte die Sicherung der Seehandelswege mit den neutralen Staaten, vorrangig Schweden, welches Deutschland aus dem Hafen Lulea mit dem wichtigen Eisenerz (Magnetit) für die Kriegsindustrie versorgte. Der Transport des strategisch wichtigen Rohstoffs erfolgte durch den Bottnischen Meerbusen und die Aalandsee. Gleichzeitig sollte der Transport von Kriegsmaterial, Rohstoffen und Lebensmitteln der Entente-Mächte auf dem Seeweg verhindert werden. Russland durfte keinen Nachschub aus Großbritannien und Frankreich erhalten.

Nicht unwichtig war auch die Sicherung der Fischereigründe zur Versorgung der deutschen Bevölkerung.

Bis März 1915 war nahezu jeglicher Schiffsverkehr in der östlichen Ostsee zum Erliegen gekommen, was sowohl die deutsche wie auch die russische Marine für Instandsetzungsarbeiten an ihren Schiffen, in Werften und Häfen nutzen. Das sollte sich in der Folgezeit ändern.

In der westlichen Ostsee operierte die »Küstenschutzdivision der Ostsee«, deren Kommandostelle in Kiel lag. Chef war Konteradmiral Robert Mischke. Ihm standen zur Bewachung und ersten Verteidigung der Eingänge zur westlichen Ostsee allenfalls schwache Streitkräfte zur Verfügung.

Auf der Linie Møn–Hiddensee patrouillierten Kleine Kreuzer und Torpedoboote, um einen denkbaren Durchbruch englischer U-Boote durch den Fehmarn Belt in das Kattegat zu melden. Der Südausgang des Großen Belts und des Sundes wurden mit Mi-

Stapellauf von SMS »Undine« in Kiel, 11. Dezember 1902, ein Kleiner Kreuzer der Gazelle-Klasse

nensperren und U-Bootfangnetzen blockiert, um ein Einbrechen von britischen U-Booten zu unterbinden. Weitere Schiffe lagen im Kleinen Belt und auf der Linie Plantagenetgrund–Møn. In strategisch wichtigen Gebieten wurden Minensperren verlegt.

Oberleutnant Helmut Dorsch, in jenen Monaten 1. Wachoffizier auf der »Undine«, erinnerte sich später in seinen Memoiren.

»Mein neues Kommando war Wachoffizier auf der SMS ›Undine‹. Dieser ältere Kleine Kreuzer gehörte zur neu gebildeten Küstenschutzdivision der Ostsee und führte die Flagge des Admirals Mischke. Mein früherer Kommandant von der Tann führte jetzt als Vizeadmiral diesen Verband. Unsere Operationsbasis blieb zunächst Kiel. Unser Operationsgebiet war die westliche Ostsee. Außer den inzwischen verstärkten Sperren der Zugänge war unsere Hauptaufgabe die Deckung der kriegswichtigen Transporte aus Schweden. Die von deutscher Seite nunmehr durchgeführte Sperre von Sund und Großem Belt stützte sich auf die Tatsache, dass englische U-Boote unter Verletzung der Neutralität in die Ostsee eingedrungen waren.

Wir hielten zahlreiche schwedische Dampfer an, die vom Kattegat kamen und nach einem schwedischen Hafen, meistens nach

SMS »Undine« 1903: 104,4 Meter lang, 12,3 Meter breit, Reichweite 4.400 sm, 12 Knoten schnell, Kaufpreis: 4,6 Millionen Mark

Stockholm, wollten. Da eine gründliche Untersuchung auf See nicht möglich war, wurden die Schiffe mit einem Prisenkommando nach Swinemünde zur Untersuchung geschickt. Zweimal wurde ich mit einer solchen Einbringung beauftragt. Das hatte den großen Vorteil, dass man, nach Abgabe des Handelsschiffes an das Prisengericht in Swinemünde, mit der Bahn nach Kiel fahren konnte und dort praktisch bis zum Einlaufen SMS ›Undine‹ Urlaub hatte. [...]

Die regelmäßigen Patrouillenfahrten in der westlichen Ostsee zur Deckung der dort operierenden leichten Streitkräfte wurden wieder aufgenommen. Der Große Belt und der Sund wurden nun als Gegenmaßnahme zu der bewiesenen Neutralitätsverletzung durch die Durchfahrt englischer U-Boote außerhalb der Dreimeilengrenze durch deutsche Minensperren so eingeengt, dass wir jedes Fahrzeug genau kontrollieren konnten. Später wurden auch noch Sperrnetze gegen U-Boote ausgelegt und die Sperren am Sund durch ein altes Linienschiff verstärkt.«

Am 9. September 1915 holte Großadmiral Prinz Heinrich in Berlin die Erlaubnis ein, den Sund zwischen der dänischen Insel Seeland und Schweden in internationalen Gewässern zu sperren. Wie aus Immediatvortrag Nr. 271 des Chefs des Admiralstabs der Marine, Admiral Hugo von Pohl, ersichtlich, sorgten die beiden Anrainer schon selbst für eine solche Sperre. Immediatvorträge hießen jene Berichte, die dem Kaiser persönlich vorgetragen wurden. Dänemark und Schweden als neutrale Staaten hatten kurz nach Bekanntwerden deutscher Sperrmaßnahmen an ihren Küsten den Part der Sicherung durch Verminungen und Löschung von Leuchtfeuern bis auf die schwedische Flint-Rinne, welche frei blieb, selbst übernommen, um den Krieg von ihren Küsten fernzuhalten, was für Deutschland eine bedeutende Hilfe darstellte. Somit konnte sich die deutsche Flotte auf das Kriegsgeschehen in der östlichen Ostsee konzentrieren.

Darauf wurde im Immediatvortrag Nr. 273 des Chefs des Admiralstabs der Marine am 17. Oktober 1915 neuerlich eingegangen. Durch die Flint-Rinne im Öresund – dem 370 Meter breiten und nur sieben Meter tiefen Hauptfahrwasser – waren am 23. September zwei britische U-Boote unbemerkt in die Ostsee gelangt, weshalb auch im Süden die Rinne vermint wurde.

Zu den U-Booten, die in jener Zeit den Sund passierten, gehörte auch das von Lieutenant Commander Francis Cromie befehligte und im Juli 1915 von der Royal Navy in Dienst genommene HMS E19. Im August verlegte es mit dem Schwesterboot E13 in die Ostsee, um die Baltische Flotte des Entente-Verbündeten Russland zu unterstützen. Die U-Boote sollten den Schiffsverkehr zwischen Deutschland und Skandinavien attackieren. Dabei war man zunächst erfolgreich: Im Oktober versenkte E19 innerhalb kurzer Zeit vier Handelsschiffe unweit der schwedischen Insel Öland. In der deutschen Propaganda wurde der Angriff, der im Lagebericht sachlich vermeldet worden war, als »U-Bootmassaker im Kalmarsund« bezeichnet. Gemeldet worden war: »Karlskrona, 12. Oktober. Heute Vormittag wurde der Hamburger Kohlendampfer ›Gutrune‹ im Kalmarsund südlich von Öland von einem Unterseeboot, wahrscheinlich englischer Nationalität, in den Grund geschossen. Die 34 Mann starke Besatzung wurde von einem südwärts fahrenden schwedischen Dampfer gerettet.

HMS E19, das britische U-Boot im Hafen von Reval (Tallinn), um die Flotte des Verbündeten Russland zu unterstützen

Der deutsche Erzdampfer ›Germania‹ wurde, in südlicher Richtung fahrend, um 12 Uhr mittags beim äußeren Steingrund von einem Unterseeboot, wahrscheinlich von einem englischen, beschossen. Um der Versenkung zu entgehen, wurde ›Germania‹ an der Küste von Blekinge auf Grund gesetzt. Das Unterseeboot befindet sich dauernd in der Nähe des Dampfers, 1,5 Seemeilen von der Küste. Die Besatzung des Dampfers, der Kapitän und 19 Mann, wurde gerettet. Der Kapitän berichtet, er sei Zeuge des Untergangs des Kohlendampfers ›Direktor Reppenhagen‹ aus Stettin gewesen.

Kalmar, 12. Oktober. (Meldung des *Svenska Telegrambyran*)

Gestern nachmittag wurde der deutsche Erzdampfer ›Nicomedia‹ aus Hamburg an der Südspitze von Öland in Grund gebohrt. Ein Boot mit dem Kapitän und 13 Mann landete in Degerhamn auf Öland. Die übrige, 19 Köpfe zählende Besatzung landete in Karlskrona.«

Wenig später, am 7. November 1915, sollte E19 den Kleinen Kreuzer »Undine« nördlich von Rügen versenken, worauf später noch ausführlich eingegangen werden soll.

Großer Kreuzer »Prinz Adalbert«, am 23. Oktober 1915 versenkt

Der spektakulärste Angriff jedoch war am 23. Oktober erfolgt. E8 beschoss aus 1.200 Metern Entfernung den Großen Kreuzer »Prinz Adalbert«. Der Torpedo traf das Munitionsmagazin im Vorderschiff. Die Explosion zerlegte das 126 Meter lange Schlachtschiff in zwei Teile, die sofort sanken. Bis auf drei Matrosen, die gerettet wurden, starben alle 672 Mann. Das Wrack wurde erst 2007 vor dem lettischen Liepaja (deutsch Libau) entdeckt. Die »Prinz Adalbert« war schon einmal drei Monate zuvor von U-Boot E9 torpediert worden. Dabei starben zwar zehn Besatzungsmitglieder, doch Seiner Majestät Schiff konnte mit eigener Kraft nach Kiel zurückkehren.

Nachdem die deutsche Marine ab 1916 Geleitzüge organisierte und begleitete, gingen die Erfolge der britischen U-Boote merklich zurück. E19, das die »Undine« versenkt hatte, operierte bis Anfang 1918 in der Ostsee.

Am 4. April 1918, als die deutsche Ostseedivision Helsinki besetzte, sprengten die Besatzungen der E19 sowie drei weiterer britischer Wasserfahrzeuge ihre U-Boote anderthalb Seemeilen vorm Leuchtturm von Harmaja, damit diese nicht den Deutschen in

Das gestrandete britische U-Boot E13 wurde in drei Minuten durch deutsche Torpedoboote in Brand geschossen, 19. August 1915

*Das Fährschiff »Preußen« – 113 Meter lang, 15,5 Meter breit –
machte 16 Knoten. Es nahm die Seeleute an Bord, die sich von der
sinkenden »Undine« retten konnten*

die Hände fielen. Die vier Wracks liegen dort noch heute auf dem
Meeresgrund.

Trotz der anfänglichen Erfolge britischer U-Boote im zweiten
Kriegsjahr brachte die deutsche Handelsflotte etwa 1,7 Millionen
Tonnen schwedisches Eisenerz über die Ostsee. Auch in den Fol-
gejahren hielten sich die deutschen Schiffsverluste durch Minen in
überschaubaren Grenzen.

Allerdings kamen nicht alle U-Boote der Royal Navy durch
den Sund. Der stellvertretende Chef des Admiralstabes, Admiral
Paul Behncke, meldete am 19. August 1915: »Das englische
Unterseeboot E13 ist am Vormittag durch ein deutsches Torpedoboot am Südeingang des Sundes vernichtet worden.«

Das stimmte, war aber nicht die ganze Wahrheit.

HMS E13 war wegen eines Kompassfehlers beim Passieren des
Sundes am 15. August auf Grund gelaufen. Alle Versuche scheiterten, aus eigener Kraft freizukommen. Am Morgen des 19. August
wurde das U-Boot von einem dänischen Wachschiff entdeckt. Der
britische Kommandant sicherte zu, man werde sich binnen 24

Stunden aus den dänischen Gewässern zurückziehen. In der Folgezeit kamen weitere dänische Schiff hinzu, was die Aufmerksamkeit der Deutschen weckte. 10.28 Uhr eröffneten die beiden Torpedoboote G(T) 132 und 134, offenkundig nach Rücksprache mit der vorgesetzten Dienststelle, überraschend das Feuer, ein Boot verschoss auch einen Torpedo. Dabei wurde das britische U-Boot schwer beschädigt, 15 Besatzungsangehörige starben. Die Dänen verhinderten, dass das U-Boot geentert wurde, worauf die beiden deutschen Torpedoboote nach sieben Minuten abdrehten.

»Undine«, die mit dem Auftrag, das britische U-Boot zu vernichten, Richtung Sund unterwegs war, kam zu spät.

Die überlebenden 14 Seemänner von HMS E13 wurden von dänischen Schiffen übernommen und anschließend, bis 1918, interniert. Das Wrack von E13 wurde später von der dänischen Marine geborgen, nach Kopenhagen überführt und dort ab Dezember 1921 im britischen Auftrag abgewrackt.

Am 7. November 1915 traf es die »Undine« selbst.

Der Kleine Kreuzer war das zehnte und letzte Schiff einer Baureihe, die als »Gazelle-Klasse« in Kiel von der Howaldtswerft gebaut worden war. 1905 wurde es als Artillerieschulschiff in

Auf dem Kieler Nordfriedhof, im Feld N, befindet sich neben dem Gemeinschaftsgrab für die Toten des Großen Kreuzers »Prinz Adalbert« die letzte Ruhestätte von vier Seeleuten der »Undine«

Dienst gestellt, Ende jenes Jahres zerlegte es bei einem Nacht-
manöver vor Bülk ein Torpedoboot in zwei Hälften, 33 Mann
ertranken. 1912 wurde das Schiff außer Dienst gestellt und nach
einer Generalüberholung am 4. August 1914 in die Küstenschutzdivision übernommen. Im September, bei einem Vorstoß in
den Finnischen Meerbusen, kollabierte die Maschine, weshalb
SMS »Undine« die Werft in Danzig aufsuchen musste. Ab 18.
Oktober 1914 wurde sie zur Sicherung der Fährlinie Saßnitz-Trel-
leborg eingesetzt – bis zu jenem Novembertag, als sie das Fährschiff »Preußen« begleitete und das U-Boot unter Francis Cromie
13.08 Uhr zwei Torpedos schoss. Der Kleine Kreuzer sank sehr
schnell und riss 24 Seeleute in den Tod, die übrigen fast 250
Mann wurden von dem Torpedoboot V(T) 154 gerettet.

Das von Fregattenkapitän Karl Windmüller seit September
1914 befehligte Schiff bekam anderentags vom Chef des Admiralstabs der Marine in Berlin einen kurzen Nachruf: »Am 7. November nachmittags wurde der Kleine Kreuzer ›Undine‹ bei einer
Patrouillenfahrt südlich der schwedischen Küste durch zwei Torpedoschüsse eines Unterseebootes zum Sinken gebracht. Fast die
ganze Besatzung ist gerettet.«

Seeexpedition zum Wrack der »Undine« im Mai 2003

Auf der Brücke des Taucherschiffes »Artur Becker« herrscht Ruhe. Auf den Gesichtern der Männer ist die Anspannung zu sehen, seit Tagen suchen sie nach dem Wrack der »Undine«. Hin und wieder gibt der Kapitän Kommandos, die vom Steuermann wiederholt und dann ausgeführt werden. Dann dreht das Schiff auf Gegenkurs.

Der Diesel im Bauch stampft, das Schiff steigt und sinkt durch die Dünung. Wir machen nur langsame Fahrt. Die Insel Rügen ist am Horizont voraus zu sehen, Arkona und seinen Leuchtturm erkennt man aber nur mit dem Glas. Es mögen etwa sieben bis zehn Seemeilen bis dorthin sein. Unterm Kiel liegen etwa 40 bis 50 Meter. Kein Problem für die Taucher an Bord. Aber wo nur liegt das Wrack? Drei Jahre lang habe ich recherchiert, war bis nach Schweden und Großbritannien gereist, um den möglichen Untergangsort Seiner Majestät Schiff »Undine« in den Papieren ausfindig zu machen. Nun läuft die »Artur Becker« das Gebiet ab, das ich ermittelt habe. Der Schallimpuls des Echolots tastet über den Grund. Trifft er auf Grund, Erhebungen wie Fischschwärme, wird er reflektiert. Diese elektroakustische Messung von Wassertiefen wurde im Jahr vor Kriegsbeginn 1914 patentiert, entwickelt hatte es der deutsche Physiker Alexander Behm (1880–1952). Der gebürtige Mecklenburger war durch den Untergang der »Titanic« am 15. April 1912 angeregt worden, ein Eisberg-Ortungssystem zu entwickeln. Eisberge ließen sich, wie er bald merkte, nur schwer mit reflektierten Schallwellen feststellen, wohl aber anderes. Am 22. Juli 1913 erhielt er das Reichspatent Nr. 282009 für seine »Einrichtung zur Messung von Meerestiefen und Entfernungen und Richtungen von Schiffen oder Hindernissen mit

Hilfe reflektierter Schallwellen«, kurz Echolot. Behm sollte im Laufe seines Physikerlebens 109 weitere Patente erwerben, darunter auch für einen künstlichen Anglerköder, die sogenannte Behmfliege.

Doch nach all diesen Dingen steht mir nicht der Sinn. Ich bin der Leiter der Forschungsexpedition, die ein Wrack aufspüren und anschließend dokumentieren soll. Ich fühle mich inzwischen wie Christoph Kolumbus, der Indien suchte und von den Mannschaften verhöhnt wurde, als nach Monaten noch immer kein Land in Sicht war. Nur Wasser, Wasser, Wasser. Ich höre, wie man inzwischen an Bord frozzelt: Na, wir suchen wohl nach einem Phantom? Eine Nadel im Heuhaufen hätten wir schon längst gefunden, was?

Es ist zum Verzweifeln. Wieder wendet die »Artur Becker« und läuft den nächsten Streifen auf dem Meeresgrund ab. Das Echo auf dem Schirm zeigt nur eine Linie. Keine Erhebung, nicht ein winziges Hügelchen, das auch nur annähernd wie der Rest eines mehr als hundert Meter langen Schiffes aussehen könnte. Immerhin: Seit fast neunzig Jahren liegt die »Undine« im Wasser. Sie kann zerfallen sein, sich aufgelöst haben. Das ist eher unwahrscheinlich, denn so aggressiv ist das Ostseewasser nicht. Vielleicht ist das Wrack völlig zugewuchert? Aber selbst wenn es völlig überwachsen sein sollte, müsste es sich als Erhebung, als Kurve auf dem Monitor abbilden.

Der Diesel tuckert gleichmäßig, hinterm Heck bleibt eine weiße Blasenspur zurück. Die meisten Taucher hängen unter Deck ab, nur wenige sind an Oberdeck und starren aufs Wasser, als könnten sie mit ihren Blicken in die Tiefe schauen.

Mit jeder Meile werde ich nervöser. Der Selbstzweifel nagt stärker. Habe ich mich auch wirklich nicht geirrt? Was Falsches aus den Dokumenten herausgelesen? Nein, eine derart starke Strömung gibt es da unten nicht, die das Wrack versetzt haben könnte. Das ist doch nicht die »Andrea Doria«, die als »lautes« Wrack gilt, weil die Strömung Metallstücke bewegt, was Geräusche verursacht. Der italienische Luxusliner lief zu Beginn der

50er Jahre vom Stapel und galt – wie seinerzeit die »Titanic« – als das größte, schnellste und vermeintlich sicherste Schiff. Auf ihrer 51. Fahrt kollidierte die »Andrea Doria« am 25. Juli 1956 auf dem Weg nach New York City vor der Küste von Nantucket in einer Nebelbank mit der ostwärts fahrenden »Stockholm«, einem Passagierschiff der schwedischen Svenska Amerika Linien. Nach dem Zusammenstoß bekam die »Andrea Doria« schnell eine starke Schlagseite, wodurch die Hälfte der verfügbaren Rettungsboote nicht ausgesetzt werden konnte. Fortschritte bei den Kommunikationsmitteln und die schnelle Reaktion anderer Schiffe verhinderten jedoch eine ähnlich verheerende Katastrophe wie 1912 bei der »Titanic«, so dass ein Großteil der Passagiere und der Besatzung überlebte. Von der »Andrea Doria« wurden 1.660 Menschen gerettet, 46 ertranken. Das Wrack liegt in etwa 70 Metern Tiefe in der vergleichsweise starken Strömung des Golfstroms. Seither starben 16 Taucher, der letzte 2011, bei dem Versuch, das Schiffswrack zu besichtigen ...

Der Ruf des Kapitäns reißt mich aus den Gedanken.

»Maschine stopp!«

»Hast du was gefunden?«

Er weist auf dem Monitor. Ich sehe eine merkliche Erhebung, das könnte ein Schiffskörper sein. Dahinter sind kleine Buckel zu sehen. Das könnte das übliche Trümmerfeld sein. Der Grund liegt bei 50 Metern, das Echo über dem Rumpf bei 39. Die Seitenhöhe des Schiffs betrug seinerzeit etwas über sieben Meter. Nimmt man die Decksaufbauten und die vergleichsweise unpräzise Messung des Echolots, könnte es hinkommen. Es muss hinkommen. Ich bin mir jedenfalls sicher, dass unter uns die Reste von SMS »Undine« liegen.

Der Kapitän markiert die Position im Bordcomputer.

Die von mir ausgewerteten historischen Quellen waren nicht sehr präzise. Die Route der Fähre war klar, die ihrer Begleitung auch. Aber wann hatte man dort zuletzt mit dem Sextanten den Wegepunkt bestimmt und die Position im Logbuch eingetragen? Das war gewiss geraume Zeit vor dem Untergang.

Und die heroischen Beschreibungen in der Tagespresse konnte man auch vergessen. Dort gab es mehr Pathos und Patriotismus denn konkrete Koordinaten. Das Schiff sei angeblich mit einem senkrecht aus der See ragenden Heck verschwunden. Unsinn. In anderen, späteren Berichten hatte es geheißen, SMS »Undine« sei etwa 10 Seemeilen neben der Fährroute abgesoffen. Warum? Ich wusste es nicht.

Doch nun scheint es gefunden. »Klarmachen zum Tauchen!«, rufe ich über den Bordlautsprecher.

Die Geschichte des Seekrieges in der Ostsee muss nicht neu geschrieben werden. Und gemessen an den übrigen maritimen Katastrophen in der ersten Hälfte des vorigen Jahrhunderts nimmt sich der Untergang des Kreuzers als eher unbedeutend aus. Warum dennoch das Interesse? Das Wrack liegt gleichsam vor der Mecklenburger Haustür. Es ist nicht nur für das Landesamt in Schwerin von Belang wegen der Marinegeschichte und der Schiffsbautechnik. Es ist auch ein Museum unter Wasser, zu dem organisierte Tauchgänge geführt werden können.

Im ersten Zugriff muss der Zustand dokumentiert werden. Mehr nicht.

An Oberdeck herrscht auffällige Bewegung. Die Taucher zwängen sich in ihre Neoprenanzüge. Sie wissen, was sie erwartet. Ich habe sie über die Vorgeschichte informiert.

Untergang von SMS »Undine«

Seit dem 19. April 1915 nahm das Schiff Sicherungsaufgaben beim Chef der IV. Flottille, Fregattenkapitän Paul Wolfram, in der westlichen Ostsee wahr. Vom Standort Warnemünde aus patrouillierte der Kleine Kreuzer zwischen Sassnitz und Trelleborg Richtung Bornholm. Der Vorpostendienst zum Aufspüren von U-Booten, in den man sich mit dem diensthabenden Kleinen Kreuzer »Amazone« unter Korvettenkapitän Lutter teilte, war ohne jeden Höhepunkt und langweilig. Da bot selbst der

Plakat zur Eröffnung der
»Königslinie« zwischen Sassnitz
und Trelleborg, 1909

Abschuss treibender Minen und Hilfe für in Seenot befindliche Dampfer dankbare Abwechslung.

Am 7. November 1915 darf SMS »Undine« die Eisenbahnfähre »Preußen« von Trelleborg nach Sassnitz begleiten. Zwei Torpedobooten der VII. Halbflottille mit den taktischen Nummern V.154 und G.133 laufen mit. Die kürzeste Fährverbindung zwischen Deutschland und Schweden heißt »Königslinie, weil sie von Preußens König, der auch deutscher Kaiser ist, und König Gustav V. am 6. Juli 1909 feierlich eröffnet worden war. Dafür hatten Berlin und Stockholm 1897 einen Staatsvertrag geschlossen. Seit 1911 bestand eine Funkverbindung zwischen Trelleborg, Sassnitz und den Fährschiffen, am Kap Arkona blinkte ein Seefunkfeuer. Die Route ist absolut sicher und auch schnell: Für die rund hundert Kilometer braucht man wenig mehr als vier Stunden.

Aber es ist Krieg, und darum treiben Minen und U-Boote ihr Unwesen, und SMS »Undine« muss mit anderen Schiffen die Überfahrt der Fähre sichern.

Nach Kenntnis der Marine befinden sich mindestens fünf britische U-Boote in der Ostsee. Man weiß nie, wann und wo sie auftauchen.

Die See ist aufgewühlt, der Wind treibt die Schaumkronen von den Wellen. See 5, Wind 6, tragen die Steuermänner in die Logbücher ein.

800 Meter vor der »Preußen« kämpft sich das Torpedoboot V.154 durch die See. V steht für die »Vulkan«, das ist die in Hamburg und Stettin ansässige Werft, die das Boot gebaut hat. Torpedoboot G.133, das inzwischen abdreht, wurde auf der Germaniawerft in Kiel gebaut. Es wurde per Funk zum Sund befohlen.

Der Kleine Kreuzer »Undine« läuft auf versetztem Parallelkurs, das Torpedoboot ist an Backbord voraus.

Es ist 9.25 Uhr, als der Kommandant des U-Boots E19 sein Periskop ausfährt. Cromie notiert in sein Kriegstagebuch den Schiffsverband und befiehlt den Angriff. Doch der Verband wechselt den Kurs, schlägt die Ruder von Zick auf Zack und stampft mit 15 Knoten davon. Cromie verliert dadurch das Ziel und muss neu ansteuern.

Die »Undine« im Sehrohr des britischen U-Boots E19, wie sie Kommandant Cromie sah (Computerdarstellung)

12.45 Uhr hat er sich auf etwa 1.000 Meter der »Undine« genähert. Er bläst in vermeintlich günstiger Schussposition den 45-cm-Torpedo auf der Steuerbordseite ins Wasser. Die Blasenspur zieht am Schiff vorbei, der Kleine Kreuzer fährt einen Bogen und stoppt. An Bord muss man den Torpedo bemerkt haben. Cromie feuert 12.55 Uhr aus dem Heckrohr einen weiteren Torpedo, Distanz zum Ziel: 1.100 Meter.

An Bord der »Undine«, so ist später dem Bericht von Fregattenkapitän Karl Windmüller, dem Kommandanten, zu entnehmen, wird auch der zweite Torpedo entdeckt. »Von dem an Steuerbord-Seite der Kommandobrücke stehenden Ausguckposten und vom Ausguckposten am St.B. II. Geschütz wurde Torpedolaufbahn an Steuerbord gemeldet. Oberleutnant zur See Dorsch, welcher sich gerade an der St.B.-Seite befand, meldete gleichzeitig die Torpedolaufbahn und rief dem wachhabenden Offizier, Oberleutnant zur See d. Res. Felkenbach, zu: Hart Backbord! Ich befand mich in diesem Augenblick mittschiffs auf der Brücke, stürzte sofort auf die Steuerbord-Nock und sah in ungefähr 200 Metern Abstand die Blasenbahn des Torpedos herankommen.

Obwohl das Ruderkommando sofort ausgeführt wurde, war mir sofort klar, dass es ausgeschlossen war, dem Torpedo auszuweichen. Ich verfolgte die Laufbahn des Torpedos, bis die Blasenbahn an St.B. etwa hinter der Brücke das Schiff erreichte. Erst in diesem Moment folgte eine Detonation. Ein Zeichen, dass der Torpedo auf geringe Wassertiefe eingestellt gewesen sein musste. Mit der Detonation wurde eine ziemlich heftige Erschütterung auf der Brücke verspürt. Gleichzeitig erhob sich eine mit Kohlenstaub gemischte Dampf- und Wassersäule bis etwa Schornsteinhöhe und fiel, alles durchnässend, auf der Brücke und an Deck nieder.«

Windmüller berichtet weiter: »Die St.B.-Seite der Brücke war stark demoliert. Das Brückenkleid stark zerrissen. Im Kartenhaus waren sämtliche Türen und Fenster gebrochen, es stand Wasser darin, und alles lag durcheinander.

Ich ließ zunächst die Maschinen stoppen und bekam bald darauf von der Lecksicherung die schriftliche Meldung, dass der Torpedoraum und der vordere Heizraum voll Wasser seien. Im Heizraum befand sich das rollenmäßige Personal.

Der Torpedoraum war unbesetzt. Die Rohre waren geladen, Gefechtspistolen nicht eingesetzt. [...]

Das Panzerdeck über dem Kessel IX an St.B. war ebenfalls aufgerissen.

Kurze Zeit nach der Zettelmeldung bekam ich die Meldung, dass das Zwischendeck im Vorschiff bereits unter Wasser stand. Das Schiff lag vorn sehr tief, und ich hatte den Eindruck, dass es nicht wahrscheinlich sei, dass das Schiff sich bei dem schlechten Wetter noch lange würde halten können. [...]

Eine Möglichkeit, unter eigenem Dampf von der Unfallstelle fortzukommen, bestand nicht mehr. Ich ließ nun an die gesamte Besatzung Schwimmwesten verteilen und befahl, gut auf das U-Boot aufzupassen. [...] Da das Schiff inzwischen noch weiter absackte, ließ ich den I. Kutter ausschwingen und das Torpedoboot an der BB-Seite längsseit kommen, um beim Untergang des Schiffes die Besatzung auf das Torpedoboot zu retten.

Es wurden zunächst vier bei der Detonation Schwerverletzte auf das Boot hinübergegeben.

Als alle Verletzten bis auf einen übergeben waren und die freie Heizwache übersteigen sollte, wurde eine Torpedolaufbahn an BB in etwa 500 Meter Abstand gemeldet, die auch vom Steuermann des Torpedobootes erkannt wurde. Das Torpedoboot ging sofort zweimal A.K. voraus, um sich vor dem herankommenden Torpedo zu bergen. [...]

Einige Meter hinter dem Heck des Torpedoboots traf der Torpedo etwa in Höhe des vorderen Heizraumes.

Dass wir dem U-Boot beim zweiten Schuss die Backbord-Seite zudrehten, kam daher, dass das Schiff mit hart BB liegendem Ruder und den ausgefallenen Maschinen etwa 16 Strich gedreht hatte. [...]

Unsere Schüsse lagen gut an der Stelle, wo das Sehrohr gesichtet worden war. Das Sehrohr tauchte noch einmal für kurze Zeit aus dem Wasser und wurde dann nicht mehr gesehen. Das Feuer

Der Kleine Kreuzer »Undine« in der Computeranimation

wurde eingestellt, als das Schiff so viel nach vorn abgesackt war, dass die Geschütze nicht mehr geschwenkt werden konnten.

Das Backbord IV. Geschütz hat 11, das Backbord V. Geschütz 13 Schuss aus der Bereitschaftsmunition abgegeben. [...]

Bei der zweiten Detonation, die um 13.05 Uhr erfolgte, wurde eine mäßige Erschütterung im Schiff verspürt. Gleichzeitig begann das Schiff, schnell zu sinken und sich nach Backbord überzulegen. Nunmehr wurden die Rettungsflöße über Bord gesetzt.

Der I. Kutter konnte nicht zu Wasser gelassen werden, da das Schiff bereits zu starke Schlagseite hatte.

Mit dem Untergehen des Schiffes verließ die Besatzung das Schiff. Das Heck war noch für kurze Zeit über Wasser zu sehen und verschwand um 13.08 Uhr in den Fluten. Wassertiefe 50 Meter. In diesem Moment brachte die Besatzung drei begeisterte Hurras aus und stimmte ›Deutschland, Deutschland, über alles!‹ an. [...]

V.154, das sich in der Nähe der Unfallstelle befand, nahm nun die im Wasser treibende Besatzung auf. Etwa um 13.30 Uhr wurde ich von dem Torpedoboot mit den Leuten, die sich mit mir zusammen an einem Floß festhielten, übernommen. [...]

Auf der Fahrt nach Sassnitz wurde den Verletzten von den beiden Ärzten SMS ›Undine‹ Erste Hilfe zuteil. Unter den Schwerverletzten befand sich der I. Offizier, Kapitänleutnant Walter Martini. Er hatte eine klaffende Wunde am Kopf und einen komplizierten Oberschenkelbruch. […]

Etwa gegen 18.30 Uhr traf die Fähre mit den Geretteten in Sassnitz ein. Der I. Offizier war mittlerweile verstorben. Wegen Geheimhaltung ordnete ich auf dem Postamte die Postsperre an. […]

Die Haltung der Besatzung SMS ›Undine‹ war während des ganzen Vorganges in jeder Weise anerkennenswert und mustergültig. Sie bewahrte vollkommene Ruhe bis zum letzten Augenblick und führte sämtliche Befehle umsichtig und sachgemäß aus. Auch die mit den Wellen kämpfenden Leute haben im hohen Maße Kameradschaft, tapferes Verhalten und Unerschrockenheit gezeigt, indem sie sich schwächerer Kameraden in jeder Weise annahmen und auf diese Weise wohl manchen dem sicheren Tode entrissen haben. Anerkennung verdient auch das Verhalten der Bedienungen des B.B. V. und B.B. IV. Geschützes, die mit eiserner Ruhe und mit großer Sicherheit geschossen haben. […]

Weiterhin muss das vorzügliche Arbeiten der Torpedobootbesatzung hervorgehoben werden, die unermüdlich die Bergungsarbeiten ausführte. Hierbei haben sich ein Torpedo-Obermaschinistenmaat und der 1. Tp.-Obermatrose hervorgetan, die über Bord sprangen, um den schwer verletzten I. Offizier der ›Undine‹ aufs Boot zu bringen. […]

Verluste: Tote 6, Vermisst 8, Verwundete 5.«

Soweit Kommandant Karl Windmüller in seinem Bericht an die vorgesetzte Dienststelle über den Untergang des Kleinen Kreuzers »Undine« am 7. November 1915 vor Rügen.

Der Kommandant des Torpedobootes V.154, Oberleutnant Schreiber, berichtet den Beschuss durch das britische U-Boot aus seiner Perspektive.

»Um 12.48 Uhr wurde an Steuerbord von ›Undine‹ eine Torpedolaufbahn gesichtet, zu gleicher Zeit machte ›Undine‹ das Signal: ›Feindliches untergetauchtes U-Boot an St.B. in Sicht‹. Wenige Sekunden später erfolgte die Torpedodetonation etwas vorlich der Mitte von ›Undine‹ an der St.B.-Seite. [...]

Um 12.51 Uhr kam der Winkspruch von ›Undine‹: ›Längsseits kommen‹. Um 13.00 Uhr lag ich an BB längsseits, [...] ›Undine‹ lag im Wind, das Boot lag verhältnismäßig gut. Ich nahm von 13.00 bis 13.05 Uhr etwa vier Verwundete und etwa 25 Mann über. Um 13.05 Uhr meldete mir der Steuermann, der an BB Ausguck war: ›Torpedolaufbahn auf das Boot zu an BB.‹

Ich ging sofort mit dreimal Äußerste Kraft voraus, riss die Festmacherleinen durch und drehte mit dem Steuerbordruder hart vor dem Bug der ›Undine‹ ab. Der Torpedo ging wenige Meter hinter dem Heck an V.154 vorbei und traf ›Undine‹ vor der Brücke. Die Detonation hatte etwa die gleiche Wirkung wie die erste. V.154 blieb unbeschädigt. [...]

›Undine‹ schoss mit einem 8,8-cm-Geschütz in der Richtung der Blasenlaufbahn und sank dann mit etwa 20° Neigung nach BB mit dem Bug voran sehr schnell, der vordere Schornstein und der Mast kippten nach BB um, dabei sind viele Leute, die dort im Wasser schwammen, erschlagen worden.

Ich fürchtete eine Kesselexplosion auf ›Undine‹ und hielt mich deshalb frei vom Schiff, bis es gesunken war.

Um 13.09 Uhr tauchte das Achterschiff steil aus dem Wasser, ein großer Teil der Besatzung, der auf dem Achterdeck stand, glitt aus großer Höhe auf dem steil liegenden Deck und der StB-Bordwand ab. ›Undine‹ sank dann in wenigen Sekunden.

Die im Wasser schwimmende Besatzung brachte drei Hurrahs auf seine Majestät, den Kaiser, aus.

Im Ganzen wurden etwa 150 Leute gerettet. Die genaue Zahl konnte ich nicht feststellen. [...]

Ich traf gegen 16 Uhr in Sassnitz ein, Ärzte und Hilfspersonal waren zur Stelle .«

In einem geheimen Funkspruch des Admiralstabes der Marine Berlin an den Chef des Marinekabinetts im Großen Hauptquartier Ost wurde dem Kaiser gemeldet: »Sechs Seeleute tot, fünf verwundet und acht vermisst. Durch SMS V.154 und Fährschiff ›Preußen‹ großer Teil der Mannschaft geborgen. Sind auf dem Marsch nach Kiel. SMS ›Undine‹ war Patrouillien-Kreuzer für Sund-Stellung und für die Strecke Sassnitz–Trelleborg.«

Lieutnant Commander Francis Cromie, Kommandant von E19, wurde von Zar Nikolaus II. dreifach geehrt: mit dem St.-Georg-Orden, dem St.-Wladimir-Orden sowie dem St.-Anne-Orden. Zudem durfte er an einem Diner bei Hofe teilnehmen. Im Frühjahr 1916 dekorierte ihn die Royal Navy mit dem »Distinguished Service Order«, nach dem Victoria-Kreuz die höchste Tapferkeitsauszeichnung der Briten. Im Ersten Weltkrieg, das nur nebenbei, wurde das weiß emaillierte Kreuz am Bande an die 9.000 Mal vergeben.

Teil der Ehrung durch die Navy war auch Cromies Ernennung zum kommissarischen Befehlshaber der britischen Balten-Flottille.

Auf deutscher Seite gab es auf Vorschlag von Korvettenkapitän Graf von der Recke, Chef der VII. Halbflotille, das Eiserne Kreuz II. Klasse für die in Schreibers Bericht namentlich genannten Besatzugsmitglieder des Torpedobootes V.154.

Oberleutnant Helmut Dorsch, dem wir nachfolgenden Augenzeugenbericht verdanken, ging leer aus. Der I. Wachoffizier von SMS »Undine« erinnerte sich später in seinen Memoiren: »Anfang November erhielten wir den Befehl, einen wichtigen Pferdetransport von Trelleborg nach Sassnitz zu decken. Die Eisenbahnfähre fuhr noch planmäßig im Anschluss an die Züge. Jeder konnte die Kursbücher lesen und damit genau bestimmen, wann die Fähre passieren musste. Es fehlte uns an Torpedobooten zur U-Boot-Sicherung, und so musste die SMS ›Undine‹ an der Steuerbordseite der Fähre und das Torpedoboot G.133 an Backbord die Sicherung übernehmen.

Über die Durchführung dieser Befehle und die damit verbundene Gefahr für unseren Kreuzer waren wir uns sofort klar. Kann doch ein Torpedoboot in den meisten Fällen einem Torpedo ausweichen und gleichzeitig sofort das angreifende U-Boot sehr ernstlich mit Wasserbomben bedrohen, während ein Kreuzer viel weniger wendig ist und durch seinen größeren Tiefgang leichter von Torpedos getroffen werden kann.

So hielten wir auf dieser Fahrt nach Sassnitz angestrengt Ausguck. Wir waren nicht mehr weit vom Kap Arkona, als der Ruf erschallte ›Torpedolaufbahn an Steuerbord!‹. Ich hatte gerade die Wache und fuhr das Schiff. Als Torpedooffizier sah ich mit einem Blick die ungeheure Gefahr. Der Torpedo lief schräg von hinten auf uns zu und würde uns dort treffen, wo unsere eigenen Torpedos lagerten. Das hätte eine Zerreißung des ganzen Schiffes zur Folge gehabt. Daher gab ich die Befehle ›Hart Backbord!‹ und ›Beide Maschinen mit äußerster Kraft voraus!‹.

Durch das Drehen hoffte ich, den Auftreffwinkel noch spitz zu bekommen, dass der Torpedo möglicherweise ohne zu zünden abrutschen konnte. Durch die Fahrtbeschleunigung wollte ich das Drehen unterstützen und den möglichen Treffpunkt weiter nach achtern verlegen, um so die eigenen Torpedos vor der Mitzündung zu bewahren. Der Kommandant, Kapitän zur See Windmüller, der sich in diesem Augenblick im Kartenhaus auf der Brücke aufhielt, stürzte heraus und fragte: ›Was ist los?‹

Ich konnte nur noch melden: ›Das geht nicht mehr klar, Herr Kapitän!‹

Ich konnte ihn nicht zurückhalten, zur Brückennock an Steuerbord zu laufen, wo er doch aufs Äußerste gefährdet sein würde, wenn der Torpedo gerade unter ihm explodierte. Da erfolgte auch schon die Detonation mit einer Wassersäule, etwa so hoch wie unsere Masten.

Ich war zurückgetreten und lehnte mich mit dem Rücken ans Kartenhaus. Der große Scheinwerfer vom Vormars kam durch die Erschütterung von oben und stürzte unmittelbar vor mir auf die Brücke. Wäre Kapitän Windmüller nicht nach der Brückennock gesprungen, hätte ihn der Scheinwerfer erschlagen. So war er nur für einige Augenblicke von dem Stoß ohnmächtig.

Die Detonation hatte automatisch den Alarm ausgelöst, und die Kriegsfreiwache stürzte auf ihre Gefechtsstationen. Als der Kommandant die Führung wieder übernommen hatte, wollte ich nach unten, um nach dem Torpedoraum zu sehen. Da kam der Torpedoheizer Blau, der die Wache im Raum gehabt hatte, völlig schwarz verschmutzt zur Brücke herauf, nahm Haltung an und meldete: ›Torpedoraum ist ausgefallen!‹

Der feindliche Torpedo hatte unmittelbar hinter dem Torpedoraum in einen Kohlebunker getroffen, bei der Detonation die Schottwand durchschlagen, und der Mann befand sich im Augenblick in einem Strudel von Kohle und Wasser. Er wurde von dem Wasser in den Niedergang geschleudert, und das Schott schlug hinter ihm zu. Das übrige Torpedopersonal, das durch den Alarm hinunter wollte, konnte den Mann aus dem Niedergang retten und die Schotten gut abdichten. Der Torpedoheizer ging – ohne auch nur einen Augenblick zu zögern – auf die Brücke, um den Ausfall zu melden.

Inzwischen war die SMS ›Undine‹ vorn ziemlich tief eingesunken und krängte etwas nach Steuerbord, aber das Schiff blieb schwimmfähig.

Nun kam von der Maschine die Meldung, dass die Maschine ausgefallen sei, weil kein Dampf mehr vorhanden war. Das elektrische Licht ging aus. Das Schiff lag als Zielscheibe für das U-Boot da.

Der Kommandant wollte die Verletzten und die Geheimsachen von Bord geben und befahl dem Torpedoboot V.154, längsseits zu kommen. Ich bat darum hinzusetzen ›An Steuerbord‹, aber der Kommandant fürchtete, das Torpedoboot könne sich dort an dem beschädigten Schiffskörper selbst beschädigen. So befahl er: ›An Backbord längsseits!‹

Es war ihm nicht klar, dass das Schiff während seiner kurzen Ohnmacht auf Gegenkurs gedreht hatte, weil ich ja beim Versuch auszuweichen ›Hart Backbord‹ befohlen hatte. Das Boot kam längsseits, die Verwundeten wurden herübergegeben, und der Adjutant gab die Geheimsachen dem Torpedobootskommandanten. In diesem Augenblick erfolgte der Ruf ›Torpedolaufbahn an Backbord!‹ Die Geschütze eröffneten das Feuer auf die Stelle, wo die Laufbahn anfing.

Der Kommandant des längsseits festgemachten Torpedobootes, mein Lehrgangskamerad Schreiber, wartete nicht ab, bis die Leinen losgeworfen waren, sondern ließ seine Maschinen mit äußerster Kraft voraus anspringen, zerriss die Leinen und konnte damit sein Boot retten, denn ganz kurz darauf explodierte der zweite Torpedo kurz hinter seinem Heck an unserer Backbordseite.

Damit war SMS ›Undine‹ dem Untergang geweiht.

Es erfolgt der Befehl ›Klar bei Schwimmwesten. Alle Mann aus dem Schiff!‹

Die Bedienung der Geschütze feuerte weiter, bis sie mit den Füßen im Wasser standen. Ich war auf die Schanze gegangen und traf dort einen Heizer, der – aus wer weiß welchem Grunde – keine Schwimmweste bekommen hatte. Ich gab ihm meine, da ich ja als Sportschwimmer leicht darauf verzichten konnte. Als nur noch das Achterdeck aus dem Wasser ragte, sprang auch ich über Bord, um nicht in den Sog des Schiffes zu kommen. Ich schwamm an eines der Rettungsflöße heran, auf dem etwa ein halbes Dutzend Leute saß. Die See ging bei etwa Windstärke fünf ziemlich hoch, und ich erkannte die Gefahr, dass das Floß

Oberleutnant z. S. Helmut Dorsch, 1. Wachoffizier (l.), daneben ein unbekannter Matrose von SMS »Undine«

Zeitgenössisches Postkartenmotiv »Der letzte Mann« zur patriotischen Aufrichtung der Bevölkerung an Land

umschlagen und damit die Mehrzahl der an und auf ihm hängenden Menschen erschlagen könnte. Ich befahl ›Alles runter vom Floß und sich nur außen festhalten!‹

Die Leute folgten sofort und ohne Widerspruch der Anordnung. Da sah ich, das einer der Leute aus dem Mund blutete. Auch er hatte wortlos gehorcht. Natürlich ließ ich ihn durch die anderen Kameraden wieder auf des Floß heben.

Das Wasser war ca. 7 Grad Celsius kalt. Es dauerte uns allen natürlich viel zu lange, bis das Torpedoboot uns aufnehmen konnte. Dabei änderte der Kommandant ständig die Richtung, um zu vermeiden, dass er womöglich auch noch einen Torpedo während des Stillliegens beim Übernehmen der Leute von den Rettungsflößen bekäme.

Schließlich kamen auch wir an die Reihe und wurden von den Kameraden an Bord gezogen. Ich ging auf die Brücke und nahm zur Verstärkung des Ausgucks mit an der Umschau nach dem U-Boot teil. Zum Glück ließ es sich nicht mehr sehen. Wie wir später erfuhren, hatte unser Artilleriefeuer es veranlasst, nicht mehr aufzutauchen.

Beim Retten geschah noch ein Unglück, das unseren I. Offizier, Kapitänleutnant Martini, das Leben und mich einen Freund kosten sollte. Beim Heraufziehen an Bord war er infolge der kalten, klammen Hände vom Tau abgerutscht und wieder ins Wasser gefallen. Das konnte man von der Brücke aus nicht sehen, und daher ließ Oberleutnant Schreiber die Maschinen schon wieder angehen, um schnell die Lage zu ändern. Martini rutschte in die angehende Backbordschraube und wurde fürchterlich verletzt. Einer unserer Unteroffiziere, der eben nach dreiviertelstündigem Aufenthalt in dem eiskalten Wasser herausgezogen worden war, war schon mit einem Kopfsprung wieder im Wasser, ehe einer nur ein Wort sagen konnte, und rettete seinen I. Offizier. Er lebte noch unter Schmerzen, bis wir nach Sassnitz kamen, dann erlöste ihn der Tod.

Beim Appell in der Lagerhalle im Sassnitzer Hafen mussten wir feststellen, dass ungefähr 15 Prozent unserer Besatzung fehlten. Die meisten blieben auf See sicher durch Herzschlag infolge des langen Aufenthalts im kalten Wasser.

Noch in der Nacht wurden wir in einem Sonderzug nach Kiel befördert. Wir müssen einen etwas sonderbaren Anblick geboten haben. Wir hatten zum Teil die nasse Kleidung an, die bereits am Leibe getrocknet war, und vom Landsturmbataillon, das die Küste der Insel Rügen zu bewachen hatte, alte Armeemäntel bekommen. Wenige hatten noch ihre Matrosenmützen mit den Bändern SMS ›Undine‹, andere Armeemützen, die meisten trugen gar keine Kopfbedeckung. So traten wir nach der Fahrt in Kiel vorm

Die Überlebenden der »Undine« kamen auf das Schwesternschiff »Medusa«, das bei Kriegsbeginn wieder reaktiviert worden war. Es übernahm ab 1. Dezember 1915 die Aufgaben der »Undine« und sollte auch noch im Zweiten Weltkrieg eingesetzt werden

Bahnhof an. Von dort ging es mit einem Hafendampfer nach Kiel-Wik, wo die Mannschaft in Kasernen untergebracht werden sollte.

Es war noch ziemlich früh am Morgen, als ich in dieser schönen Verkleidung mit der Elektrischen in die Stadt fuhr, um meine Schwester aufzusuchen. Sie hatte die Nachricht von der Torpedierung bereits gelesen, wusste aber noch nicht, ob ich gerettet worden war. [...]

Nach zwei Tagen konnten wir in Kiel-Wik auf dem Friedhof (*heute Nordfriedhof Marine- und Kriegsgedenkstätte – R. Ö.*) unsere gefallenen Kameraden, deren Körper wir mitführen konnten, zur letzten Ruhe betten. Dann erhielt die ganze Besatzung Urlaub.

Inzwischen wurde ein kleiner Kreuzer der gleichen Klasse, SMS ›Medusa‹, zur Indienststellung durch unsere aufgefüllte Besatzung vorbereitet. Als Hauptliegehafen und Standort der Küstenschutzdivision wurde an Stelle von Kiel nunmehr Swinemünde angeordnet.«

Soweit der 1. Wachoffizier der »Undine«, Oberleutnant Helmut Dorsch, in seinen Erinnerungen.

Kleiner Exkurs zum Kreuzerbau

Dieser Schiffstyp entstand, als die Segelfregatte von dampfgetriebenen Schiffen abgelöst wurde. Die Bezeichnung kam vom niederländischen »kruiser« und beschrieb ein »kreuzendes, zu Aufklärungszwecken hin und her fahrendes Schiff«. Die ausgangs des 19. Jahrhunderts gebauten Kreuzer waren nur schwach gepanzert und mit leichter bis mittlerer Artillerie bewaffnet. Sie sollten im Kriege vornehmlich den Handel stören, die eigenen Schiffe schützen und Küsten kontrollieren, sie wurden also vornehmlich als Begleitschutz und Aufklärer eingesetzt.

Alfred von Tirpitz trieb die Entwicklung der Marine voran, die politischen Zusammenhänge und Motive wurden bereits erörtert. Unter seiner Ägide wurden auch die Kleinen Kreuzer auf Kiel gelegt, das waren Schiffe mit einer Wasserverdrängung unter 5.500 Tonnen. Die seit 1898 vom Stapel laufenden Kleinen Kreuzer der Gazelle-Klasse stellten den Prototyp des bis zum Ersten Weltkrieg gebauten Kleinen Kreuzers dar. Die Schiffe dieser Klasse waren die ersten modernen Kleinen Kreuzer der kaiserlichen Marine. Es wurden davon zehn gebaut – drei in Kiel (Germaniawerft), fünf in Bremen (AG Weser), je eines in Danzig und auf der Howaldtwerft in Kiel.

Die letzte »Gazelle« war der Kreuzerneubau »J«, der erste Auftrag der Kaiserlichen Marine für ein modernes Kriegsschiff, der an die Howaldtwerft ging. Das 2.152 BRT große Schiff, das am 11. Dezember 1902 auf den Namen »Undine« getauft werden sollte, wurde am 28. September 1901 auf Kiel gelegt. Kernstück war die Maschinenanlage mit zwei stehenden Vierzylinder-Dreifachexpansionsdampfmaschinen. Diese bezogen ihren Dampf aus neun Marinekesseln der AG Germania aus Berlin-Tegel. Die in zwei Kesselräumen erzeugte Kraft von 8.696 PSi wurde auf zwei dreiblättrige Schrauben mit jeweils einem Durchmesser von 3,5 Metern übertragen und ermöglichte eine Maximalgeschwindigkeit von 21,5 Knoten. Mit 700 Tonnen Kohle konnte man mit 12 Knoten Fahrt 4.400 Seemeilen zurücklegen.

Die Bewaffnung bestand aus zehn 10,5 cm L/40 Schnellfeuerkanonen, die eine Reichweite von 12,2 km hatten und denen jeweils ein Vorrat von 1.500 Schuss Granatpatronen beigegeben war. Die vierzehn 3,7-cm-Maschinenkanonen wurden später entfernt. Die Torpedobewaffnung in Gestalt zweier jeweils einzeln backbord wie steuerbord installierter Unterwasser-Breitseitentorpedorohre verblieb mitsamt Vorrat von fünf 45-cm-Torpedos an Bord.

Nach Stapellauf, Schifftaufe und Ausrüstung wurde SMS »Undine« schließlich am 5. Januar 1904 unter dem Kommando von Korvettenkapitän Karl Schaumann zu Probefahrten in Dienst gestellt. Zehn Seeoffiziere, zwei Marine-Ingenieure, jeweils ein Sanitäts-Offizier, ein Zahlmeister und zwölf Deckoffiziere sowie 249 Unteroffiziere und Mannschaften übernahmen das 4.653.000

Reichsmark teure Schiff und gingen mit ihm bis zum 23. März in See, um es auf Herz und Nieren zu testen.

Auf diesen Probefahrten wurden erstmals auf einem Schiff Erprobungen mit dem neuen Kreiselkompass der Firma Anschütz-Kämpfe vorgenommen. Zu den Seeeigenschaften stellte man fest: SMS »Undine« war rank, stark schlingernd und gegen See nass. Trotzdem manövrierte und drehte der neue Kleine Kreuzer sehr gut.

Bei Abschluss der Testphase wurde der Kreuzer nach Wilhelmshaven überführt, dort am 30. März außer Dienst gestellt und bis zum 5. Januar 1905 in Reserve gehalten. Da die alte Kreuzerkorvette SMS »Carola« die Anforderungen an ein modernes Artillerie-Schulschiff nicht mehr erfüllte, wurde SMS »Undine« für diese Aufgabe aktiviert, erprobt und am 4. Februar nach Kiel verlegt. Nach diversen Übungen und Manövern kam es bei einer Nachtübung im Hochseeschießen im Oktober vor Bülk zu einer Kollision mit dem Führerboot der IV. Torpedobootdivision der Schulflottille SMS »S 126«. Dabei wurde das Torpedoboot auf der Höhe des vorderen Heizraumes vom Bug der abgeblendet fahrenden SMS »Undine« in zwei Teile geschnitten. Die 33-köpfige Besatzung des Torpedobootes ertrank.

Das bei dieser Havarie ebenfalls beschädigte SMS »S 127« wurde von SMS »Undine« in den nächsten Hafen geschleppt.

In den folgenden Jahren lag der Kleine Kreuzer wiederholt in Wilhelmshaven zu Reparatur- bzw. Überholungsarbeiten, dazwischen diente er als Artillerie-Schulschiff. 1909 absolvierte SMS »Undine« einen Auslandsbesuch im norwegischen Larvik und die Teilnahme am Herbstmanöver der Hochseeflotte in der Ostsee.

Am 12. Juli 1912 wurde das Schiff in Danzig außer Dienst gestellt und nach einer Grundreparatur der Reserve der II. Bereitschaft zugewiesen.

Am 4. August 1914 wurde SMS »Undine« in die Küstenschutzdivision integriert. Dort übernahm es zunächst Sicherungsaufgaben in der westlichen Ostsee. Dann wurde das Schiffe dem Detachierten Admiral in der östlichen Ostsee, Konteradmiral

Behring, unterstellt und sicherte auf der Linie Møn–Dornbusch. Beim Vorstoß des Oberbefehlshabers der Ostseestreitkräfte, Großadmiral Prinz Heinrich von Preußen, zum Finnischen Meerbusen kam es am 8. September zu einer Maschinenhavarie, die in Danzig und Kiel beseitigt wurde.

Am 18. Oktober war der Kleine Kreuzer wieder einsatzbereit und übernahm den Sicherungsdienst auf der Linie Trelleborg–Sassnitz. In der Zeit vom 14. bis 17. April 1915 beschoss die SMS »Undine« im Unterstellungsverhältnis zum Detachierten Admiral russische Stellungen bei Buddendiekshof und Memel.

Ab dem 19. April nahm sie wieder Sicherungsaufgaben in der westlichen Ostsee wahr.

Die Kampfhandlungen auf See in der ersten Kriegsperiode

Die Militärhistoriker Klaus Dorst und Wolfgang Wünsche legten 1989 im Militärverlag eine vielbeachtete Publikation vor. »Der Erste Weltkrieg. Erscheinung und Wesen« erschien anlässlich des 75. Jahrestag des Kriegsbeginns. Darin äußerten sie sich auch zu jenen Bereichen, die uns in dieser Publikation interessieren.

In der ersten Phase seien die Kampfhandlungen auf See von geringer Intensität gewesen, man habe die Flottenkräfte erst dann einsetzen wollen, »wenn der Gegner bereits beträchtliche Verluste erlitten hatte«. Daher seien zunächst die Hauptanstrengungen »auf die Unterbrechung oder Störung der gegnerischen Seeverbindungen, den Schutz der eigenen Seeverbindungen und die Küstenverteidigung gerichtet« gewesen.

»In der Ostsee war die russische Baltische Flotte den deutschen Ostseestreitkräften um ein Mehrfaches zahlenmäßig überlegen, jedoch vorwiegend mit Kampfschiffen älteren Typs ausgerüstet. Die russische Seekriegsleitung musste zudem in Rechnung stellen, dass die deutschen Ostseestreitkräfte durch den Kaiser-Wilhelm-Kanal (heute Nord-Ostsee-Kanal) kurzfristig verstärkt werden konnten.

Die Aktivitäten beider Staaten konzentrierten sich auf die Verlegung von Minensperren, Durchführung von Vorpostendiensten sowie deutscherseits auf die Beschießung einiger Häfen und Städte an der Küste der baltischen Provinzen. Wichtigste Sperrmaßnahme war deutscherseits die Verminung des Großen und des Kleinen Belt, russischerseits die Verminung der Zugänge zum Finnischen Meerbusen. Seegefechte größeren Ausmaßes fanden nicht statt.

Die wichtigsten Schiffsverluste deutscherseits waren der Kreuzer ›Magdeburg‹ (auf Grund gelaufen und gesprengt) und der Panzerkreuzer ›Friedrich Carl‹ (auf Minen gelaufen), russischerseits der Panzerkreuzer ›Pallade‹ (durch Torpedotreffer eines U-Bootes).«

SMS »Magdeburg« ging bereits am 26. August 1914 an der Küste Estlands verloren. Die Russen fanden das Signalbuch, das

Die SMS »Magdeburg«, ein Kleiner Kreuzer der Magdeburg-Klasse, von 1910 bis 1912 in Bremen für acht Millionen Goldmark gebaut, 3.266 BRT, mit Kohle- und Ölfeuerung, ging bereits im ersten Monat unter, die Mannschaft schaut zu

man mit Blei beschwert über Bord geworfen hatte. Dem britischen Marinenachrichtendienst gelang mit Hilfe dieses Signalbuches die Entschlüsselung der deutschen Marinefunksprüche.

Der Große Kreuzer »Friedrich Carl« begleitete Kaiser Wilhelm II. auf dessen Spanien- und Mittelmeerreise auf dem Passagierdampfer »König Albert« von März bis Mai 1904 und wurde danach den Aufklärungskräften der Flotte zugeteilt. Von März bis Mai 1905 diente die »Friedrich Carl« unter dem Kommando von Kapitän zur See Hugo von Cotzhausen wiederum als Eskorte für des Kaisers Mittelmeerreise auf der »Hamburg«. Dabei kollidierte das Schiff im April im Hafen von Gibraltar mit dem britischen Linienschiff HMS »Prince George« und beschädigte dessen Heck. Danach war es bis zum 2. April 1906 Flaggschiff des Befehlshabers der Aufklärungskräfte.

Im September 1914 wurde die »Friedrich Carl« der Ostseeflotte zugeteilt, wo sie als Teil der Aufklärungsgruppe Ostsee unter Konteradmiral Behring, der seine Flagge auf der »Friedrich Carl« setzte, an verschiedenen Operationen gegen die Baltische Flotte der russischen Marine teilnahm. Bei ihren Vorstößen in den Finnischen Meerbusen führte sie bis zu vier Wasserflugzeuge mit, die (soweit das Wetter es zuließ) täglich zur Aufklärung starteten.

Am 16./17. November 1914 nahmen die »Friedrich Carl« unter Fregattenkapitän Loesch und ihr Schwesterschiff »Prinz Adalbert« an einem geplanten Angriff auf die durch Minenfelder gesicherte russische Marinebasis Libau teil, die von der russischen Marine größtenteils geräumt worden war, von der die deutsche Marineführung jedoch annahm, dass sie als Stützpunkt für britische U-Boote genutzt werden sollte. Dabei lief die »Friedrich Carl« am Morgen des 17. November etwa 30 Seemeilen vor Memel auf zwei Minen und musste gegen 6.30 Uhr aufgegeben werden. Sie kenterte und sank um 7.15 Uhr. Sieben Mann ihrer Besatzung im Hecktorpedoraum kamen ums Leben.

Der gesamte Rest der Besatzung wurde von dem Kleinen Kreuzer SMS »Augsburg« aufgenommen. Auch die vier an Bord befindlichen Flugzeuge gingen verloren.

Die SMS »Undine« hatte in den zehn Jahren ihrer Existenz zehn Kommandanten, der letzte war Fregattenkapitän Karl Windmüller, der den Kleinen Kreuzer vom September 1914 bis zum Untergang am 7. November 1915 führte. Karl Windmüller starb 50-jährig im Jahr 1923.

Aus dem Melderegister in Kiel erfuhr ich, wann Windmüller in Kiel lebte und dass seine Witwe nach Hamburg verzog, wo sie noch einmal heiratete. So bekam ich Kontakt zu Enkel und Urenkel Löwisch, erhielt viele Auskünfte und Familienfotos. Dadurch wurde die Geschichte der »Undine« für mich immer plastischer.

Im zentralen Krankenbuchlager in Berlin fand ich Hinweise auf die tödlich Verunglückten aus der Schiffsbesatzung, auf dem Nordfriedhof in Kiel den Grabstein für vier Männer der Besatzung.

Im Mai 2003 machte ich mich erstmals mit meinem Partner Helmut Menzel auf den Weg. Das Landesamt für Kultur und Denkmalpflege Mecklenburg-Vorpommern, Abt. Unterwasserarchäologie, hatte uns den Auftrag erteilt, im Rahmen der Fundstellenerfassung Ostsee, Bereich VII – Jasmund, das Wrack mit der Nummer 91 aufzusuchen, eine optische Gesamteinschätzung vorzunehmen und seine Lage zu vermessen. Vor allem aber ging es um die Bestätigung, ob es sich tatsächlich um die 1915 gesunkene »Undine« handelte. Danach sollte entschieden werden, ob weiterer Forschungsbedarf bestand.

In einer Tiefe von etwa 35 Meter entdeckten wir die Umrisse eines Schiffsrumpfes. Dieser war stark mit Miesmuscheln bewachsen, welche in dieser Jahreszeit zu »blühen« beginnen. Dadurch war das Wrack eingehüllt wie in ein weißes Kleid.

Wir trafen fast mittschiffs auf. Die Sicht war gut und klar, vielleicht lag das am Bewuchs, denn so eine kleine Miesmuschel filtert etwa zwei Liter Wasser pro Stunde, und hier filterten Millionen. Nach kurzer Orientierung entschlossen wir uns nach Backbord zu tauchen. Der Kreuzer lag auf festem, ebenen Grund und

*Familienfoto der Windmüllers aus dem Jahr 1905. Dritter von
links der 32-jährige Karl Windmüller, der letzte Kommandant von
SMS »Undine«. Unten: Die Originalmeldung vom 7. November
1915, 13.07 Uhr, für Kaiser Wilhelm II.*

K. Z. 4493.

    An Chef des Marinekabinetts im Großen Hauptquartier Ost.

      Für des Kaisers Majestät.

Oberbefehlshaber der Ostseestreitkräfte meldet 7. 11. -1[07] Nm.:

" U n d i n e " ungefähr auf der Mitte zwischen Arkona und Trelleborg von 2 Torpedos getroffen und gesunken. Großer Teil der
Besatzung ist gerettet durch " V. 154 ". Weitere Meldungen liegen noch nicht vor.

   " U n d i n e " war Patrouillen - Kreuzer für Sund - Stellung
und für die Strecke Saßnitz - Trelleborg; begleitet von " V.154"
und " G. 133 ". " G. 133 " war kurz vor dem Unglücksfall zum
Sund detachiert.

                  Chef des Admiralstabes.

Der Kommandant des britischen U-Boots E19, das am 7. November 1915 die »Undine« versenkte. Francis Cromie (1882–1918) erhielt dafür u. a. den Distinguished Service Order – das ist das Kreuz links außen. Cromie war nach der Oktoberrevolution Marineattaché an der britischen Botschaft in Petrograd und mit der Konterrevolution liiert. Er soll einer der Hintermänner des Attentats auf Lenin durch Fanny Kaplan gewesen sein und wurde anderentags beim Sturm auf die Botschaft erschossen

A b s c h r i f t .

236

Kommando

S.M.S. "Undine" .   Kiel, den 8. November 1915.

B.Nr. G. 1.   G e h e i m !

Betrifft den Verlust S.M.S. "Undine".

"Undine" hatte die Aufgabe, mit 2 Torpedobooten der VII. Halbflottille die Linie Saßnitz-Trälleborg für die Fahrten des Füh schiffes "Preußen" gegen U-Boote zu sichern. Zu diesem Zwecke befa sich das Schiff am 7. November 1915 vormittags auf dem Wege von Tr leborg nach Saßnitz mit Zickzackkursen steuernd und 15 sm Fahrt. Wind war WSW Stärke 6, Seegang 5, etwas diesig. Da von der IV. Flo tille nur ein Boot gestellt werden konnte, fuhr das zur Verfügung stehende Boot "V 154", Kommandant Oberleutnant zur See Schreiber, als U-Bootssicherung 4 Strich voraus in etwa 800 m Abstand. Dem Boot hatte ich gestattet, bei starken Kursänderungen zum Abkürzen

Bericht Windmüllers über den Untergang

auf der Backbord-Seite, sein Bug wies etwa 230° in Richtung Rügen. Aufgrund der Konstruktion neigte sich das Wrack etwa 50 Grad. Am Heck untersuchten wir den Heckspiegel in Erwartung einer Heckzier. Doch wir fanden nur Fischernetze, die sich dort verfangen hatten. Kurz entschlossen schnitten wir sie ab und wischten das kaiserliche Wappen frei. Damit war die Annahme bestätigt, dass es sich um das Wrack Seiner Majestät Schiff »Undine« handelte.

Nach unserem Kenntnisstand handelte es sich um das einzige Kreuzer-Wrack seiner Klasse, es konnte also Auskunft geben über die Entwicklung der Schiffbautechnik und vieles andere. Und wie sich per Augenschein feststellen ließ: Es war ein jungfräuliches Wrack. Hier hatten noch keine Wrackräuber ihr Unwesen getrieben.

Nach 20 Minuten Grundzeit begannen wir mit dem Aufstieg. An Bord unseres Taucherschiffes erwarteten uns die Crewmitglieder an der Steuerbordreling. Die Mitteilung, dass wir fündig geworden waren, löste merkliche Begeisterung aus.

Nach dieser ersten, oberflächlichen Untersuchung bereiteten wir mit dem Landesamt gründlich eine viertägige Expedition vor, die nach Jahresfrist die Wrackfundstelle präzisieren, untersuchen und dokumentieren sollte. Wir charterten in Greifswald zwei Taucherschiffe, die »Artur Becker« und MS »Seefuchs«. Karl Heinz Hanke und Oliver Schmidt, zwei versierte Kapitäne, führten sie. Dann stellte sich die Frage: Wer taucht? Mein Unternehmen in Berlin hat Kontakt zu etwa dreihundert Forschern, Akademikern und erfahrenen Tauchern, das ist ein lebendiges Netzwerk neugieriger und kundiger Fachleute. Am Ende waren es etwa sechzig Sport- und Forschungstaucher vornehmlich aus Deutschland und Schweden, die sich an der Expedition unbedingt beteiligen wollten. Und auch dazu in der Lage waren! Süßwassertaucher, Höhlentaucher oder Taucher mit mittlerer Brevetierung verfügen nicht über die notwendigen Erfahrungen, die man für Tauchgänge in der Ostsee braucht. Dort unten herrschen ganz andere Bedingungen. Es ist kalt, dunkel und es gibt Strömungen.

Da sind starke Nerven, eine gute Physis und Erfahrung gefragt. Schließlich musste die dänische, schwedische und deutsche Küstenwache darüber informiert werden, was wir im sogenannten Verkehrstrennungsgebiet der Kadetrinne, einem der am stärksten befahrenen Seefahrtswege Europas, vorhatten. Immerhin passieren pro Jahr mehr als 60.000 Schiffe diesen Fahrweg. Sodann mussten Sauerstoff und Helium für die Tauchflaschen und nicht zuletzt Lebensmittel geordert werden. Ausgewählte Crewmitglieder qualifizierten sich in Seminaren zu Helfern im Bereich Medizin auf See, andere wurden zu Gasblendern ausgebildet usw. Meine Gespräche mit den Sponsoren liefen sehr erfolgreich.

Am 6. Mai 2004 war es dann soweit. Bis 22.00 sollten sich alle eingeschifft haben. Da die Anreise aus entlegenen Winkeln erfolgte, traf der Letzte kurz vor dem Auslaufen um 6.00 Uhr an Bord ein. Briefing und Einteilung der Teams sowie Aufgabenverteilung hatte ich bereits schriftlich im Vorfeld besorgt.

Wenn man das Kommando über 60 Mann hat, kann man das militärisch erledigen – wie ich es in meinem ersten Leben als Offizier der Volksmarine konnte. Oder man entscheidet sich für eine

SMS »Undine« im Kieler Hafen, 1911

demokratisch verwässerte Struktur, indem man – selbstredend stabsmäßig vorbereitet – Schlüsselfunktionen durch Vertraute besetzt. Es ist schon so, wie es ein ehemaliger Parteivorsitzender nassforsch für sich reklamierte: »Auf jedem Schiff, das dampft und segelt, gibt's einen, der die Sache regelt. Und das bin ich.« Nur eben mit dem wesentlichen Unterschied: Wir befinden uns wirklich auf einem Schiff.

Unsere Expedition wurde von einem Filmteam dokumentiert, also kamen Kameraleute und Beleuchter für Über- und Unterwasseraufnahmen hinzu. Auch sie mussten speziell vorbereitet und gebrieft werden, damit sie zum einen die Forschungs- und Taucharbeiten nicht behinderten, zum anderen war ich auch für ihre Sicherheit verantwortlich.

Peter Pohl hatte aus den Bauplänen der »Undine« und historischen Aufnahmen auf dem Computer eine 3D-Animation entwickelt, die wir in der Messe der »Artur Becker« zeigten. Der Kreuzer in Fahrt und schließlich auf dem Grund der Ostsee.

Dann stachen wir in See. Wir hatten etwa acht Stunden Fahrzeit ins Operationsgebiet eingeplant.

Und so sah sie als Wrack unter Wasser aus, meinte der Rechner

Einweisung an Deck der »Artur Becker«. Am linken unteren Bildrand die Heckzier der »Undine«: ein W wie Wilhelm, umrahmt von schmückenden Arabesken

Nachdem wir das Zielgebiet erreicht und die Deckshelfer ein Grundgewicht mit langer Schotleine und Boje zum Abwurf vorbereitet hatten, suchten wir in langsamer Fahrt das Wrack. Dann gab Kapitän Hanke, als auf dem Monitor des Sonar das Wrack auftauchte, das Kommando: »Boje weg!«

Dann lief das Programm ab, alles funktionierte wie geplant. Jeder aus der Mannschaft kannte seine Aufgabe. Es wurde tauchklar gemacht, das Schlauchboot zu Wasser gelassen, die Taucherleiter außenbords befestigt.

Die beiden Taucher des Vorausteams gingen als Erste hinab. Die mussten Grundgewicht mit Schotleinen setzen. Wegen der Größe des Wracks, immerhin über hundert Meter, befestigten sie drei Schotleiten. Die Mannschaft auf der »Seefuchs« setzte die Leinen am Bug und mitschiffs. Die Mitschiffsleine sollte zum Abtauchen, Bug- und Heckleine zum Auftauchen genutzt werden. Sie waren nötig, weil hier eine starke Strömung herrschte. Wahrlich kein Ort für Anfänger oder unerfahrende Taucher.

Das Wrack lag auf der Backbordseite, der Bug wies in Richtung Rügen. Wegen dieser Lage war auch nur das eine Torpedoleck auf der Steuerbordseite zu sehen. Zwischen dem Stau- und dem Panzerdeck unterhalb der Wasserlinie, etwa in Höhe des ersten Kesselraumes, klaffte ein Loch von etwa drei mal vier Metern in der Außenwand. Vermutlich hatte die Detonation auch die Beplankung bis zur Kommandobrücke aufgeworfen.

Alle 10,5-cm-Geschütze wiesen nach Steuerbord, woraus zu schließen war, dass sie bis zum Untergang ausnahmslos in eine Richtung, nämlich in die des britischen U-Bootes E19, gefeuert haben mussten. So, wie es Augenzeugen in ihren Berichten überliefert hatten.

Die nach Backbord abgeknickten Masten und Schornsteine und Teile davon waren weit verstreut, das Wrackfeld war etwa 25 bis 30 Meter weit. Dort fanden sich auch andere Teile von Decks-

Tauchereinstieg über die Leiter an der »Artur Becker«

aufbauten, etwa die Seitenwand eines Deckshauses. Die meisten Teile, zudem überwachsen, waren jedoch nicht auf den ersten Blick zu identifizieren. Unweit vom Schiffskörper lagen auch die Überreste von Rettungsbooten.

Stabile Decksaufbauten, etwa die Brücke, waren nicht zu Bruch gegangen, sie befanden sich an ihrem ursprünglichen Platz. Das galt auch für die Ruderanlage und die imposante, offenkundig unversehrte Schraube.

Am Heck, bereits im Vorjahr durch mich von Fischnetzen befreit, die sich dort verfangen hatten, war die Heckzier in ganzer Pracht erhalten. Wir begannen, sie vorsichtig mit Bürsten von Muscheln und Schlamm zu befreien. Das in Schwarz und Weiß gehaltene Wappen mit dem großen Buchstaben »W«, was für das kaiserliche »Wilhelm« stand, war bald gut zu erkennen.

Alles in allem befand sich das Wrack in einem guten Zustand. Auf den Pollern waren selbst noch die Sterne zu erkennen und nicht vom Zahn der Zeit, also Rost, abgenagt worden.

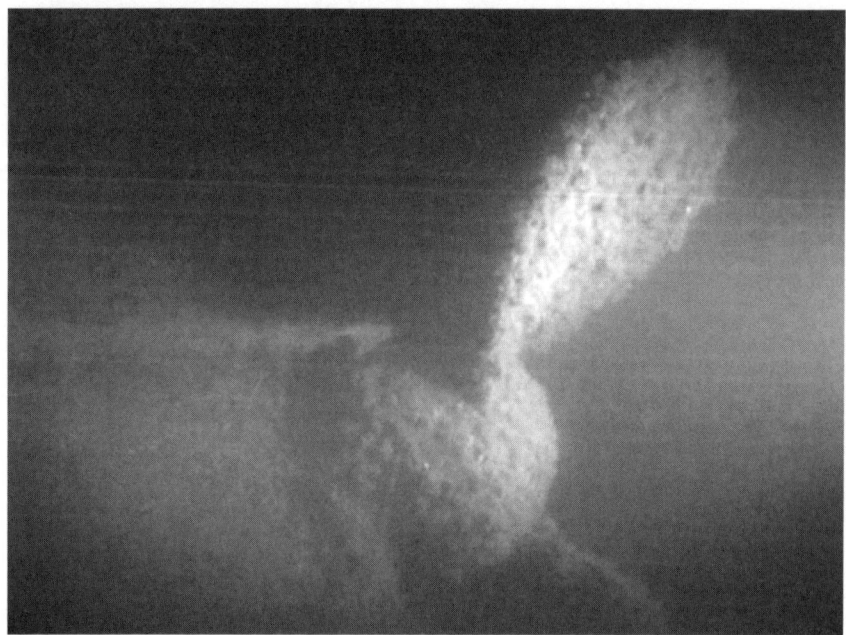

Die imposante unversehrte, aber bewachsene Schiffsschraube

*Im Wrack hatten sich Fischernetze verfangen, die erst einmal ent-
fernt werden mussten*

Wir schlossen den ersten Tauchtag befriedigt ab. Das Wrack war
vermessen und begutachtet worden, jeder aus der Crew war unten
gewesen und hatte sich einen Eindruck verschafft. Nunmehr konnten wir uns am nächsten Tag mit den Details beschäftigen.

Mit einem Stern verzierter Poller der »Undine«

Über Nacht hatte der Wind merklich aufgefrischt, die See ging hoch und schwappte über Bord

Der zweite Tauchtag gestaltete sich aufgrund der höheren See schwieriger als gedacht. Einige hingen über der Reling und fielen für weitere Aufgaben aus. Auch Taucher können seekrank werden, wie man sah. Das Problem besteht in der Dehydrierung. Obwohl man fortgesetzt die Fische füttert, muss Flüssigkeit aufgenommen werden.

Dennoch war ein Gruppe von Tauchern der »Seefuchs« unten am Wrack.

Plötzlich schoss einer von ihnen an die bewegte Wasseroberfläche, wie ein Korken flog der Taucher aus der Welle und blieb dann bewegungslos liegen. Es war von Bord aus erkennbar, dass er ohne Bewusstsein war.

Wir ließen sofort das motorgetriebene Schlauchboot der »Artur Becker« zu Wasser und nahmen Volker Lehmann an Bord. Aus Mund und Nase quoll ein schaumiges Gemisch aus Wasser, Schleim und Blut. Wir begannen noch im Schlauchboot mit der Reanimierung. Vorsichtig hoben wir ihn an Deck des Schiffs, wo er umgehend mit Sauerstoff versorgt wurde. Volker war nicht ansprechbar, wir wussten nicht, ob er sich irgendwelche äußeren Verletzungen zugezogen hatte, weshalb wir ihn aus seinem Trockenanzug schnitten. Es gab keine sichtbaren Wunden. Langsam kam er zu sich, aber nunmehr registrierten wir Lähmungserscheinungen. Volker musste in die Dekompressionskammer. Wir hatten keine. Kapitän Hanke rief über Funk einen Helikopter, der schon bald aus Richtung Bornholm einschwebte.

Der Rettungsarzt ließ sich abseilen. Mein Freund Magnus Bratt, ein ambitionierter Taucher, der zu unserer Crew gehörte, war zwar Schwede, konnte sich aber mit seinem dänischen Kollegen verständigen und ihm den Hergang des vermutlichen Unfalls und Symptome schildern. Inzwischen hatten wir an der Ausrüstung und dem Tauchcomputer festgestellt, dass er aus 45 Metern Tiefe an die Oberfläche geschossen war. Er musste, um sein Leben zu retten, in eine Kammer. Warum er so rasch aufgestiegen war, wussten wir noch immer nicht. Der Taucher war kein heuriger Hase, es musste einen technischen Grund gegeben haben.

Sofort wurde das Schlauchboot zur Bergung ausgesetzt

Der Rettungshubschrauber über der »Artur Becker«, im Hintergrund die Fähre Trelleborg–Sassnitz auf dem gleichen Kurs, den 1915 die »Undine« nahm

Auf einer Trage trugen wir ihn aufs Achterdeck, damit er von dort per Helikopterwinde ungefährdet nach oben gezogen werden konnte. Dann folgte der Arzt. Der Hubschrauber entschwand Richtung Westen, die nächste Dekompressionskammer befand sich im etwa 200 Kilometer entfernten Kopenhagen.

Nachdem wieder Ruhe auf dem Schiff eingekehrt war und nur noch der Wind pfiff, untersuchten wir die Ausrüstung des Verunglückten und befragten auch den zweiten Mann, der mit unten gewesen war. Wie sich zeigte, handelte es sich um eine Verknüpfung von subjektiven und technischen Fehlern. Obgleich sehr

Die Trage mit dem verunglückten Taucher wird an Bord des dänischen Helikopters gehievt

erfahren und qualifiziert, war der Mann erstmals mit einem Doppelgerät ohne Absperrbrücke – einer Gerätekonfiguration aus dem Höhlentauchen – getaucht und hatte es unterlassen, die Flaschen im regelmäßigen Wechsel gleichmäßig abzuatmen. Erst als der Druck in der linken Flasche auffällig niedrig war, wurde er sich seiner Unterlassungssünde bewusst. Daraufhin wechselte er zum rechten Lungenautomaten. Dabei trat nun ein technisches Problem auf: Es strömte keine Luft, sondern Wasser. Der Taucher geriet in Panik und wurde ohnmächtig. Sein Partner, als er dies bemerkte, belüftete kurz entschlossen mit den restlichen 10 bar das Jackett des Tauchers, damit dieser nach oben kam. Er selbst stieg wie üblich und entspreched langsam auf, um sich nicht auch noch in Gefahr zu bringen.

Die Stimmung an Bord war merklich gedrückt. Es zeigte sich wieder einmal, dass selbst erfahrene Taucher nicht vor Unfällen gefeit sind, und das trotz allen technischen Fortschritts immer ein gefährliches Restrisiko bleibt. Auch wenn wir aus Sicherheitsgründen immer zu zweit tauchten. Die spätere polizeiliche Untersuchung bestätigte im Übrigen unsere Feststellungen: technischer Defekt und Eigenverschulden.

Irgendwie war die vibrierende Spannung aus der Expedition geschwunden. Die Stimmung hob sich erst, als gegen Ende des Törns die Nachricht aus Kopenhagen kam, dass unser Tauchkamerad ohne bleibende Schäden aus dem Krankenhaus in Kopenhagen entlassen worden sei. Als sich die Crew zum Abschiedsfoto an Oberdeck formierte, wohnte bereits wieder Heiterkeit in den Gesichtern.

Aber nicht nur solche unmittelbar mit dem Tauchen zusammenhängenden Vorgänge zeigten selbst uns, dass der Satz, auf hoher See und vor Gericht befände man sich in Gottes Hand –

Sicherer Aufstieg aus etwa 50 Metern Tiefe, wo es dunkel und kalt ist. Zur Dekompression dauert er etwa 25 Minuten, die im Wesentlichen zwischen Meter 12 und 6 zugebracht werden müssen

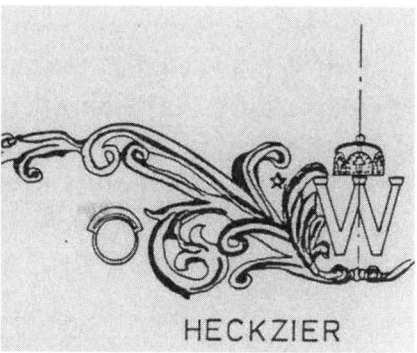

HECKZIER

*Die Heckzier der »Undine«
unter Wasser. Das geschwungene
»W« für Wilhelm ist gut zu
erkennen*

womit natürlich das Unvorhersehbare und Unwägbare gemeint ist – auch für unsere Expeditionen galt. Jahre nach diesem Unfall überschattete ein anderes Unglück unsere Mission. Wir waren im Mai 2008 wieder auf der »Undine«-Route unterwegs und mussten unweit der Insel Møn abwettern. Dabei unternahmen wir, quasi zum Training, einige Tauchgänge. Es war der 24. Mai 2004.

Uwe Pötsch, ein Berliner Taucher, stieg über die Leiter ins Wasser, kehrte jedoch bald zurück, weil er eine Flosse verloren hatte. Beim Ausstieg kippte er rückwärts von der Leiter. Er hatte bereits den Atemregler aus dem Mund genommen, doch als er scheinbar leblos unterging, stiegen keinerlei Luftblasen aus. Wir sprangen sofort ins Schlauchboot und hievten Uwe an Bord. In unserem Sanitätsraum unternahmen wir alle üblichen Reanimationsübungen: Sauerstoffbeatmung, Herzdruckmassage und Infusionsgaben.

Nichts.

Der Kapitän hatte bereits »Mayday« gefunkt und einen Rettungshubschrauber angefordert.

Etwa eine Stunde haben mein Freund und Kampfschwimmerkamerad Uwe Lankow und ich mit vollem Körpereinsatz Uwe ins Leben zurückholen wollen, doch es schien vergebens. Sein Leib begann sich bereits zu verfärben, es setzte Leichenstarre ein.

Die beiden Rettungsteams, die zeitgleich per Hubschrauber und per Schiff eintrafen, setzten zwar professionell die Wiederbelebungsversuche fort und übernahmen Uwe in den Helikopter, doch am Abend erhielten wir die Bestätigung seines Todes. Die Obduktion in Kopenhagen ergab, dass ein Aneurysma am Herzen geplatzt war, was ursächlich für Uwe Pötschs Ende war. Diese Arterienerweiterung war dem auch anderweitig sportlich Aktiven

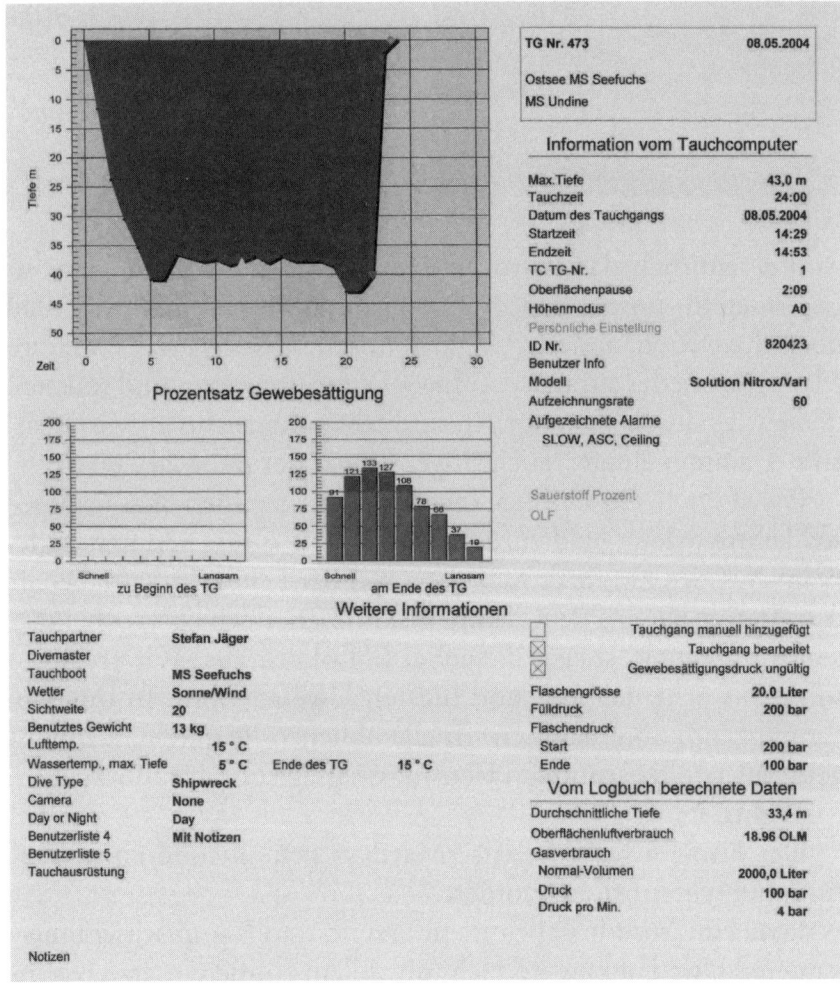

Protokoll des Tauchunfalls von Volker Lehmann im Mai 2004, der am Ende glimpflich abging.

Die Forscher- und Tauchercrew nach der Expedition, Mai 2004.
Ins Foto hineinmontiert SMS »Undine«

offenbar nicht bekannt, und sie hätte jederzeit und unter anderen Umständen platzen können. Doch es war nun einmal bei uns an Bord bzw. bei einer Tauchexpedition geschehen.

Im Sommer 2006 wurden im Martin-Gropius-Bau in Berlin »Versunkene Schätze Ägyptens« gezeigt. Dort beeindruckten mich insbesondere die Silikonabdrücke des Franzosen Frank Goddio. Der gelernte Statistiker und Finanzberater vom Jahrgang 1947 brach mit diesem Teil seines Lebens und ist seit seinem 38. Lebensjahr weltweit als Unterwasserarchäologe mit einem vielköpfigen interdisziplinären Expertenteam unterwegs. Durch spektakuläre Entdeckungen – etwa des versunkenen Königsviertels von Alexandria oder der spanischen Galeone »San Diego« vor den Philippinen – machte er auf sich aufmerksam. In Berlin präsentierte Goddio etwa 500 Funde, die er seit 1992 vor der ägyptischen Mittelmeerküste gemacht hatte. Dabei hatte er nicht nur GPS, sondern auch ein von ihm in Zusammenarbeit mit der französischen Atomenergiekommission entwickeltes Nuklearresonanz-Magnetometer eingesetzt. Neben der technischen Seite fand ich auch seinen geschäftlichen Ansatz bemerkenswert: Mit seinem 1985 in Paris gegründeten privaten Europäischen Institut für Unterwasser-Archäologie (Institut Européen d'Archéologie Sous-Marine, IEASM) betreibt er wissenschaftliche Forschungen im Auftrag jener Länder, die sich diese Projekte selbst nicht leisten können. Die Finanzierung erfolgt über die in Liechtenstein ansässige Hilti Foundation. Und Goddio ist ein guter Vermarkter in eigener Sache: Er berichtet in Büchern und Filmen über seine Expeditionen, und mit den Erlösen finanziert er wiederum die nächsten Expeditionen. In etwa zwei Jahrzehnten hat Goddio vierzehn historisch wertvolle Schiffe entdeckt, die mehrere Jahrhunderte lang unentdeckt auf dem Meeresgrund lagen. Goddio ist, wenn man so will, Gottvater in Sachen Unterwasserarchäologie.

Die Ausstellung veranlasste mich, Kontakt zu ihm aufzunehmen, um mich nach der von ihm benutzten Konservierungstechnik zu erkundigen. Ich wollte konkret wissen, auf welche Weise er Nachbildungen mit Silikonwerkstoffen unter Wasser herstellte, weil ich der Überzeugung war (und bin), dass auf dem Grund der Ostsee nicht wenige Wrackteile liegen, deren Abbildungen in Museen gehören. Auf diese Weise konnte man das Wrack auch für nachfolgende Tauchergenerationen erhalten und dennoch an Land über die gesunkenen Schiffe berichten und interessante Elemente davon zeigen.

Ich erhielt aus Paris die gewünschten Auskünfte. Meine Intentionen wurden von Dr. Jens Peter Schmidt und Dr. Janzen vom Landesamt für Kultur und Denkmalpflege unterstützt, Schwerin steuerte zur Realisierung einer Testserie von Silikonabformungen mit verschiedenen Materialien ein wenig Geld bei. Wir probierten fast 20 verschiedene Materialien aus. Wie sich zeigte, taugten diese vielleicht im warmen Mittelmeerwasser, in der vergleichsweise kalten Ostsee fielen sie alle durch. Wir sprachen darum mit verschiedenen Silikonherstellern, erfolgversprechend waren die Gspräche mit dem Münchner Chemiekonzern Wacker, der in seiner Produktpalette auch ein knetfähiges Silikon mit entsprechender Härtepaste hat. Unter verschiedenen Bedingungen testeten wir die Aushärtung des Materials, so auch im Werbellinsee bei Eberswalde. Dort herrschten analoge Druckverhältnisse wie auf

Demonstration für die Expeditionsteilnehmer, wie Silikonmasse und Gaze bei der Gussabnahme unter Wasser zu handhaben sind

See, die Wassertemperaturen lagen im Februar um die 4° Celsius, und es gab ein Wrack zum Üben. 40 Minuten blieb das Material formbar, der Abguss härtete etwa in drei Stunden aus.

In einer zweiten Testreihe, die bis April dauerte, setzten wir eine Art Gaze ein, um die Stabilität des Abgusses zu erhöhen. Schließlich gab es am Grunde der Ostsee Strömungen, die das Material von der Form spülen konnten.

Nachdem wir das am besten geeignete Material ausfindig gemacht und die günstigste Methode der Verarbeitung entwickelt hatten, machten wir uns an die Vorbereitung der nächsten wissenschaftlichen Expedition, bei der wir Abdrücke von Bug- und Heckzier der »Undine« anfertigen wollten. Diese sollte vom 27. Mai bis 1. Juni 2008 stattfinden.

Ein Vierteljahr zuvor wurden alle Teilnehmer, die sich freiwillig für die Expedition meldeten – darunter etliche, die zum wiederholten Male dabei sein wollten –, über die Aufgaben informiert. Erstmals sollte in der Ostsee in 50 Metern Tiefe ein Silikonabdruck angefertigt werden. Dazu hatte sich auch ein Filmteam angemeldet, das den Vorgang für eine Wissenschaftssendung im Fernsehen begleiten sollte.

Brüssel reagierte positiv auf meinen Förderantrag und stellte Mittel für die Expedition zur Verfügung. Allerdings aus dem Europäischen Landwirtschaftsfonds. Somit avancierte ich vom Taucher zum jungen Landwirt, dem unter die Arme gegriffen wurde. So ist das mit der Bürokratie. Aber am Ende ist es egal, woher die Hilfe kommt und wie sie deklariert wird.

Die »Artur Becker« musste jedoch schon bald den Kurs ändern. Kalte kontinentale Festlandluft aus dem Osten zwang uns dazu, zwei Tage vor (oder besser: hinter) der Insel Hiddensee abzuwettern. Es war hundekalt, trotz der Heizungen stieg die Temperatur

Letzte Absprachen vorm Tauchgang zur Bugzier mit Kameramann Sven Gens und Sicherungstaucher Atra Oszcygiel

in den Decks nicht über 17 Grad. Das Fernsehteam wollte von Bord gehen, denn Schulungen und Motivationstraining lieferten nicht die Bilder, die sie wollten.

Wir tauchten zum Training hinunter zu einem gesprengten Fischkutter, der vor dem Bug lag. Es wurde unter Wasser gemessen, geputzt, genagelt, Silikon angeformt und Leinen gespannt. Das alles bei einer kräftige, die Küste entlanglaufenden Strömung von etwa drei Seemeilen in der Stunde. Für eine Taucherin war diese so stark, dass sie nicht über die Leiter an Bord kam und aus dem Schlauchboot übersteigen musste. So nach und nach trennte sich die Spreu vom Weizen. Am Ende blieben nur noch zehn Taucher übrig, mit denen ich meinte, ohne Probleme zum Wrack der »Undine« hinabsteigen zu können.

Am nächsten Tag hieß es »Anker auf!«, und wir nahmen Kurs auf unser Zielgebiet, das wir schon bald erreichten. Die Boje wurde gesetzt und das Boot zu Wasser gelassen. Als Erstes musste die Silikonmasse vorbereitet werden. In vorbereitete Portionen zu 200 Gramm wurde die Härtepaste eingeknetet und zu fünf Kilogramm-Platten zusammengefügt. Drei wurden in einem Transportbehälter an der Schotleine hinabgelassen, wo bereits in 42 Metern Tiefe eine Gruppe wartete, um die Bugzier endlich abzuformen. Ich war mit dabei.

Eine der Silikonplatten verabschiedete sich gleich auf Nimmerwiedersehen: Sie fiel ins Innere des Wracks und war nicht mehr erreichbar. Nachdem die zweite angebracht und die dritte ausgewickelt worden war, fiel die von der Bugzier ab und verabschiedete sich. Was wir nicht merkten: Das andere Taucherpaar, Andrea und Thomas Haupt – sie leben inzwischen in Norwegen –, war mit dem Vermessen des Einschussloches fertig, als die Silikonmatte vorbeitrieb. Sie fingen sie ab und pressten sie, solange sie noch formbar war, an die Bugzier. Das wusste ich jedoch nicht, ich erfuhr es erst später.

Ich war darum sauer, welch schwache Leistung: nur eine Platte. Thomas Stoppe, mein Partner, und ich schauten uns an. Wir beschlossen abzubrechen und aufzusteigen. Unterdessen brachten

An Bord nach dem Tauchgang

die Haupts die zweite Platte an der Bugzier an, während wir uns bei etwa sechs Metern Tiefe in der »Deko«, der Dekompression, befanden. Plötzlich gab es einen heftigen Schlag an der Schotleine, und wir sanken in die Tiefe. Wenn man nur gepresste Luft atmet, ist so ein Sturz nicht schlimm. Doch wir waren schon auf 100 Prozent Sauerstoff umgestiegen, um die Dekompression zu beschleunigen, da konnte es rasch zu einer O_2-Vergiftung kommen. Beim Auftauchen sahen wir den Grund. Der Wind hatte merklich aufgefrischt, die Wellen gingen, und die Boje war von der Leine gerissen.

Wir entschieden dennoch, dass das zweite Team tauchte und die begonnene Arbeit fortsetzte. Doch als die Wellen bis zu drei Meter hoch gingen, brachen wir ab, lichteten den Anker und suchten erneut unseren Abwetter-Platz zwischen Hiddensee und Rügen auf. Der abendliche Seewetterbericht versprach für den nächsten Tag, dem Sonntag, bessere Bedingungen. So hievte

Kapitän Hanke den Anker bereits um 6 Uhr, damit wir gegen 10 Uhr im Wasser sein konnten, um Werkzeug, Leinen und natürlich unsere Abdruckform zu bergen.

Zeitig stand ich am nächsten Morgen wie immer zum *early morning tea* mit Blick in Richtung Kimm an Deck. Kameramann Sven Kiesche leistete mir Gesellschaft. In unmittelbarer Nähe fuhr ein polnischer Frachter, nicht groß, vielleicht 1.000 Tonnen, doch er hielt auf uns zu. Es deutete darauf hin, dass er uns rammen könnte. Ich rannte zur Brücke, wo man bereits das auf uns zukommende Malheur erkannt hatte.

»Hart Steuerbord!«, befahl der Kapitän, und: »Maschine volle Kraft zurück!«

Da donnerte uns das Motorschiff »Raba« auch schon in die Backbord-Seite. Hankes Manöver im letzten Moment hatte den Aufprallwinkel reduziert, hätten wir Kurs gehalten, wäre der polnische Getreidefrachter im rechten Winkel mit seinem Bug mitt-

Die Bugzier der »Undine«, von Muscheln und Bewuchs befreit

Heckzier mit Plastinat und Tauchern

schiffs in uns reingefahren und hätte uns versenkt. So touchierte er aber nur und sorgte am Schanzkleid für Blechschaden.

Mannschaft und Crew hatte der Zusammenstoß aus den Kojen gefegt und für etliche blaue Flecken gesorgt.

Wir mussten, da es sich um einen Schiffsunfall in internationalen Gewässern handelte, Bremen Rescue, die zentrale Stelle für Havarien auf See, informieren. Uns war klar, dass damit die Expedition beendet war. Ein Jahr Vorbereitung war im Eimer. Wir konnten bzw. mussten nach der seepolizeilichen Vernehmung zum Heimathafen Greifswald zurückkehren. Die polnische »Raba« wurde vom Küstenschutzboot »Eschwege« festgesetzt und die Besatzung befragt.

Wie konnten wir die Silikonform bergen – sofern diese noch nicht von der Strömung abgerissen worden war. Und: Die Fernsehfritzen brauchten schließlich ihre Bilder. Ich versuchte Ersatz für die »Artur Becker« aufzutreiben. Doch alle Charterschiffe, die

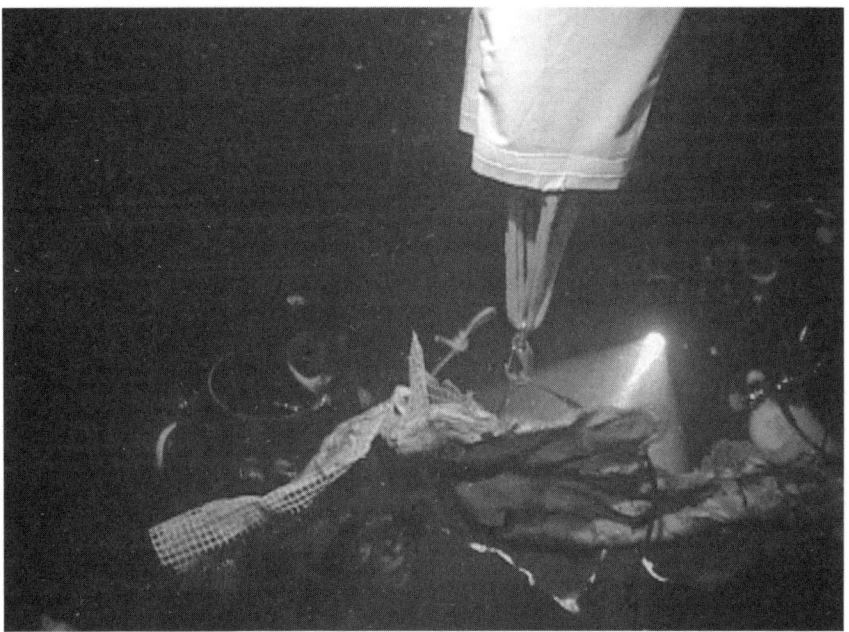

Beim Bergen der Abformung

dafür infrage kamen, waren auf absehbare Zeit belegt. Marco von der Schulenburg, der Kameramann für Unterwasseraufnahmen, kannte in Hamburg einen erfahrenen Taucher und Bootseigner. Er fragte bei diesem Ingo Oppelt an, der sagte zu. In vier Wochen könnten wir starten.

Zwischenzeitlich durfte auch die »Artur Becker« wieder fahren, so dass wir uns am Fundort verabredeten.

Die Jungs auf der »Artur Becker« schienen nicht gut auf uns zu sprechen, die Stimmung an Bord war irgendwie frostig, als trüge ich ursächlich daran Schuld, dass die »Raba« uns in die Seite gedonnert war.

Die See war glatt, wir fanden das Wrack sofort.

Dann wollte ich mit einigen Tauchern hinabsteigen, um das Plastinat zu bergen. Dabei sollte dann auch gedreht werden. Mit dabei waren auch einige Biologen, die Holzproben von der »Undine« entnehmen wollten, um den Befall mit Schiffsbohrwürmern zu ermitteln. Entgegen der Bezeichnung handelt es sich nicht um einen Wurm, sondern um eine zwittrige Muschel, die sich wurmartig streckt und mit der Schale Löcher ins Holz bohrt. Seit Beginn der 90er Jahre hat er sich in der Ostsee massenhaft verbreitet und erheblichen Schaden an Brücken, Hafen- und Steganlagen, Deichen und Holzschiffen und -wracks angerichtet. Der Befall ist von außen kaum zu sehen, da die vergleichsweise kleine Öffnung zum Wasser verschlossen ist und die beiden kleinen Atem-Siphone den von außen einzig sichtbaren Hinweis geben. Der Schaden wird oft erst beim Abbrechen ersichtlich. Schädigungen durch Schiffbohrwürmer waren bereits der antiken Welt bekannt. Anfangs wurden die Schiffsrümpfe mit einer zusätzlichen Beplankung ausgerüstet. Die Ägypter schützten ihre Schiffe mit einem Anstrich, die Chinesen bauten Doppelhüllenboote mit einer Zwischenlage aus Ziegenleder, die sich dem Zugriff der Bohrwürmer widersetzte. Die Römer versuchten im Unterwasserbereich ihrer Galeeren Metallbleche anzubauen, später entdeckten sie die giftige Wirkung metallhaltiger Anstriche. Dass die Bohrwürmer auch vor den Schiffen der Flotte von Christoph Kolum-

Kollektiver Aufstieg an der Schotleine

Geschafft!

bus nicht haltmachten, kann man aus seinen Logbüchern entnehmen, wo er schilderte, wie seine gesamte Schiffsflotte aus damals noch unbekannten Gründen mehr oder weniger unter den
Füßen der Mannschaft auseinanderfiel. Auf seinen vier Reisen verlor Kolumbus insgesamt neun Schiffe. Als Gegenmaßnahme
wurde damals erstmals schiffbautechnisch festgelegt, dass nur
Schiffe die Route nach Amerika befahren durften, deren Schiffsrümpfe mit Metallplatten, meist aus Kupfer oder Blei, verstärkt
worden waren. Das Scheitern der Spanischen Armada 1588
wurde hauptsächlich auf die zerstörerische Wirkung von Schiffsbohrwürmern zurückgeführt. 1731 hatte der Schiffsbohrwurm in
Holland die hölzernen Deichtore zerfressen, worauf sie bei einer
Sturmflut brachen. Von 1919 bis 1921 richteten die Muscheln,
von denen jede im Jahr an die fünf Millionen Eier legt, in der San-
Francisco-Bay an hölzernen Kaianlagen Schäden im Wert von
umgerechnet über 900 Millionen US-Dollar an.

Und weshalb sollten ausgerechnet im Holz der »Undine« keine Schiffsbohrwürmer tätig sein?

Ich tauchte mit Anja von Heynitz, einer versierten Tauchlehrerin aus Hamburg, hinunter und löste vorsichtig die rosafarbene Silikonform von der Bugzier. Alles war gut abgebildet, jedes Blatt hatte sein Muster ins Plastinat gedrückt. Nachdem wir die Form in den Hebesack verladen hatten, der auf unser Zeichen nach oben gezogen wurde, stiegen wir auf.

Die Sorgen fielen gleichsam von mir ab. Die Expedition hatte damit ihr erfolgreiches Ende gefunden. Da schien es uns nur halb so wild, dass wir auf dem Rückweg auf die »Raba« stießen. Offenkundig hatte es noch kein juristisches Nachspiel für die Schiffsführung gegeben. Oder es gab inzwischen eine andere Besatzung.

Im Herbst 2008, wenige Monate nach der Bergung des Plastinats, tagten in Schwerin die Archäologen aus Mecklenburg-Vorpommern, im Januar 2009 kamen am Winkelmann-Insitut der Humboldt-Universität zu Berlin ebenfalls Archäologen zusammen. Auf beiden Tagungen berichtete ich über meine Erfahrungen und referierte zur erstmaligen Silikonabformung am Wrack der SMS »Undine« und weitere mögliche Denkmalschutz- und Konservierungsarbeiten unter Wasser.

»Der Fundplatz 91 liegt etwa 15 Seemeilen nördlich Arkona und im stark befahrenen Verkehrstrennungsgebiet Kadetrinne in 49 Metern Wassertiefe. Er besteht aus einem kieshaltigen festen Untergrund, auf dem das Wrack in einer Neigung von 45° konstruktionsbedingt auf der Backbord-Seite liegt. Der Bug zeigt mit 230° in Richtung Rügen. Aufgrund der geologisch geprägten Trichterform am südlichen Auslauf der Kadetrinne im Tiefwasserbereich des Arkonabeckens herrscht ganzjährig eine starke Strömung am Wrack. Das hat zur Folge, dass das Wrack mit Sediment und dem üblichen Muschelbewuchs überlagert ist.

Am Bug ragt der stark ausgebildete Rammsporn in die Tiefe, welcher bis auf 50 Meter unterspült ist. Am Rammsporn wurde mit der Freilegung der Bugzier begonnen. Es wurde der Versuch unternommen, einen Silikonkautschukabdruck von der Bugzier anzufertigen. Dies war erforderlich, da bereits der Verfall begonnen hat. Erkennbar im vorderen Teil des Wracks sind die Bugzier, Ankerklüsen, Anker, Ankerspill und anderes. Im Allgemeinen ist das Wrack nach 93 Jahren in einem guten Zustand. Netze wurden von uns entfernt.

Verwendung fand das knetbare Silikon M 1470 mit Härtepaste T40 der Firma Wacker Chemie. Bei diesem Versuch war festzustellen, ob es technisch überhaupt möglich ist, mit diesem Material unter verschiedenen extremen Bedingungen (Druck 5 bis 6 Bar, 4° C Wassertemperatur, Dunkelheit, Strömung, nasse Oberfläche, salzhaltiges Wasser) ein Muster zu gewinnen, um damit Abgüsse herzustellen. Diese Frage kann nun mit einem klarem Ja beantwortet werden. Die Qualität der Abformung muss jedoch verbessert werden, welche eine bessere Koordination von Helfern, Tauchern und technischen Hilfsmitteln erfordert, vom Wetter auf See einmal abgesehen. Das Material selbst schätze ich als sehr brauchbar für Abformungszwecke ein und kann es unbedingt empfehlen.

Vorbereitung zum Tauchgang

Die Schiffswracks vor Rügen sind einmalige Unterwasserdenkmale, die nach Möglichkeit für die Nachwelt als Gesamtensemble erhalten werden sollten. Jede Störung der vorhandenen Umweltgegebenheiten und das erhöhte Verkehrsaufkommen bedeuten eine Gefährdung der Denkmalsubstanz, die mit einem Verlust an Informationen einhergeht.

Der bereits erwähnte Schiffsverkehr und die damit verbundenen verschiedenen Risiken, die in einer Studie der Entwicklung des Seetransportes im Baltischen Raum angesprochen werden, stellt für die Schiffswracks eine besondere Gefährdung dar.

Es besteht ferner die Gefahr der Zerstörung oder Beschädigung von Fundplätzen durch Wrackräuber aus dem eigenen Land und anderen Ostseeanrainerstaaten. Fragen bestehen auch hinsichtlich des juristischen Erbes ehemaliger Kriegsschiffe: Wer ist Eigentümer? Das Bundesland, die Bundesrepublik Deutschland, die Deutsche Marine?

Und schließlich: Die fortschreitende Ausbreitung von Schiffsbohrwürmern in tiefere Regionen aufgrund des steigenden Salzgehalts der Ostsee ist auch am Wrack der ›Undine‹ feststellbar. Holzbestandteile sind bereits angegriffen.

Das Wrack ist aus all diesen Gründen potenziell gefährdet.

Um dem Verlust von Informationen durch eine mögliche Beschädigung oder Zerstörung des Fundplatzes vorzubeugen, halte ich es für erforderlich, weitere detaillierte Dokumentation des Wracks vorzunehmen und durch Silikonabformungen zu kopieren. Eine Bergung des Wracks ist nach derzeitigem Informationsstand nicht gegeben und sollte aus denkmalpflegerischer Sicht sowie angesichts der hohen Kosten für Bergung und der nachfolgenden Konservierung auch unterbleiben. Jedoch wäre es wünschenswert, besonders wertvolle Positionen an den Wracks mit der von mir entwickelten Technologie mittels Silikonkautschuk abzuformen und für den musealen Bereich aufzubereiten.

Im Vorfeld des bereits umgesetzten Verkehrstrennungsgebietes im Bereich Kadetrinne wurden 2007/08 archäologische Untersuchungen durchgeführt. Das Schiffswrack der SMS ›Undine‹ ist ein Bodendenkmal von besonderer Bedeutung für die regionale und nordeuropäische Geschichte und stellt zudem eine wichtige archäologische Quelle zu Schiffbau und Schifffahrt dar.

Die Wrackstelle wurde durch qualifizierte Taucher aufgenommen und eingemessen.

Die Sedimentschicht und der Muschelbewuchs auf den Schiffswracks schützen diese in dem von zeitweilig starken Strömungen geprägten Bereich vor der weiteren Zerstörung. Der Fundplatz dort ist dennoch potenziell gefährdet. Ich schlage vor, Kontakt zum Inspekteur der Deutschen Marine und zum BGS See aufzunehmen, um eine mögliche Gefährdung durch U-Boote, Marinesoldaten und Tauch-Ausbildungseinheiten in diesem Gebiet auszuschließen. Vorhandene Datenbanken über Fundplätze sollten gemeinsam genutzt und die Verbindungen zum BSH hinsichtlich des Informationsaustausches ausgebaut werden. Weiterhin sollten Tauchclubs und Veranstalter von Tauchexpeditionen in der Ostsee dahingehend gebrieft werden, das es sich um schützenswerte technische Unterwasser-Denkmale handelt, die sorgsam zu behandeln sind. Sinnvoll wäre die Anbringung von Denkmal-Hinweisschildern an den Wracks in mehreren Sprachen.«

Soweit mein Appell vor den Fachleuten 2008/09.

Rohstoffhandel über die Ostsee

Die Ostsee ist, seit es Schiffe gibt, ein Handelsraum. Waren und Rohstoffe wurden von Ost nach West, von Nord nach Süd bewegt. Die Hanse – jene zwischen dem 12. und dem 17. Jahrhundert bestehenden Vereinigungen deutscher Kaufleute (das althochdeutsche *hansa* bedeutete Gruppe, Gefolge, Schar) – sorgte für die Sicherheit bei der Überfahrt und nahm gemeinsam wirtschaftliche Interessen im Ausland wahr. In den Zeiten ihrer größten Ausdehnung waren beinahe 300 See- und Binnenstädte des nördlichen Europas in der Städtehanse zusammengeschlossen. Eine wichtige Grundlage dieser Verbindungen war die Entwicklung des Transportwesens, insbesondere zur See, weshalb die Kogge zum Symbol für die Hanse wurde. Obgleich die Hanse über Jahrhunderte ein bedeutender wirtschaftlicher, politischer und kultureller Faktor war, sind ihr Anfang und ihr Ende schwer zu bestimmen. Es gibt kein Gründungsjahr und auch keinen Gründungsakt.

Soweit zur Vorgeschichte. In jener Zeit bildeten sich Handelsrouten heraus, die bis auf den heutigen Tag benutzt werden. In dem Maße, wie die Industrialisierung im 19. Jahrhundert in Europa voranschritt, desto größer wurde auch der Bedarf an Kohle, Eisenerz und anderen Rohstoffen. Exemplarisch für das Wachstum von entsprechenden Transportkapazitäten und die damit verbundene Entwicklung von Reedereien steht das 1847 in Lübeck von Ludwig Possehl begründete Unternehmen, das mit Kohle und Eisen handelte. Es führte um 1900 vier Schiffe mit etwa 9.500 Tonnen – das entsprach der Ladekapazität jener 68 Schiffe, die die gesamte Lübecker Flotte im Gründungsjahr des Handelsunternehmens aufwies. Seit 1888 belieferte es den deutschen Markt mit einem breiten Erzsortiment aus Schweden. Dabei wurde die günstige strategische Lage der Ostseehäfen Stettin und Lübeck vor allem zur Belieferung der Schwerindustrie in Oberschlesien genutzt.

Die schwedischen Erzvorkommen lagen unweit des Ostseehafen Lulea, welcher von Mai bis Oktober (»Lulea-Saison«) eisfrei war. Der Seeweg nach Lübeck betrug rund 1.500 km.

Possehl hatte 1883 mit schwedischen Bergbaugesellschaften Erzlieferverträge über 50.000 Tonnen pro Jahr geschlossen. Später verdoppelte sich nicht nur das Volumen, sondern Possehl erhielt auch das Alleinvertriebsrecht im deutschen Zollgebiet. Das galt für Oberschlesien, Österreich, Ungarn, Polen und Luxemburg. Schon bald führte das Unternehmen 1,2 Millionen Tonnen aus, das waren zwei Drittel des schwedischen Gesamtexportes bzw. ein Viertel der gesamten Erzimporte ins deutsche Zollgebiet. Die Erzlieferverträge mit Schweden wurden bis 1920 verlängert.

Diese Verbindung war strategisch wichtig für die Rüstungsindustrie, insbesondere nach Beginn des Weltkrieges. 1915 stellte das neutrale Schweden 1915 die Erzlieferungen nach Deutschland mit eigenen Schiffen ein. Schwedische Erzdampfer waren auf dem Weg nach Rotterdam durch die britische Marine aufgebracht und in einen englischen Hafen umgeleitet worden. Zudem wurden Frachter in der Ostsee von britischen U-Booten torpediert. Mitte 1916 wurden in deutschen Häfen nur noch 35.000 t Eisenerz aus Schweden gelöscht.

Possehl erholte sich nach dem Krieg rasch von den Einbrüchen und entwickelte sich mit seiner unternehmenseigenen Reederei zu einem der großen europaweiten Seespediteure im Erzhandel vom hohen Norden bis hinunter nach Lissabon und Afrika.

Auf Grund seiner wirtschaftlichen Stellung gehörte Possehl von 1911 bis 1914 und von 1917 bis 1918 dem Aufsichtsrat der Deutschen Bank an.

Nicht unmaßgeblich für die Steigerung der Transportkapazitäten war die Entwicklung neuer Schiffstypen. Pionierleistungen vollbrachte dabei die Schiffswerft von William Theodore Doxford in Sunderland mit dem Chefkonstrukteur Arthur Haver. Sie bauten kostengünstig einen Schiffskörper für Massengutfrachten wie

Erz und Kohle, bei der Längs- und Querspanten kombiniert wurden. Die neue Bauform erhöhte zudem die Schiffsstabilität und reduzierte die Gefahr beim Übergehen von Massengutladung. Der Rumpf besaß einen durchlaufenden Trunk, wobei die Ladeluken parallel dazu angeordnet waren.

Die Frachträume bestanden aus drei Längssegmenten wobei die beiden Außenkammern bei Leerfahrten mit Ballastwasser gefüllt werden konnten um bessere Stabilität in See zu bekommen. Dieser Bautyp wurde in Großbritannien patentiert und als »Turret-Ship«, in Deutschland wegen der Decksaufbauten auch »Turmschiff« genannt, bekannt. Das Projekt war so erfolgreich,

Modell des Turret-Ships

das 182 Schiffe dieses Typs gebaut wurden. Die Schiffseigner konnten damit Steuern sparen, weil mit den schmalen Ladedecks in der halben Schiffsbreite auch nur die Hälfte der Hafen- und Kanalgebühren fällig wurden. Der Fiskus schloss 1907 das Steuerschlupfloch. Danach interessierten sich nur noch wenige Käufer für diesen Schiffstyp.

Turret-Schiffe sind heute völlig verschwunden, ein Wrack jedoch entdeckten wir südlich von Ystadt in 40 Metern Tiefe. Es handelte sich um die »Jacobus Fritzen« der Emdener Reederei Fritzen.

U-Boote waren im Herbst 1915, wie schon anderenorts erwähnt, im Kampf insbesondere gegen deutsche Transportschiffe in der Ostsee erfolgreich. Binnen zwei Monaten setzten sie 21 Erzfrachter außer Gefecht. Daran waren die englischen U-Boote E1, E8, E9, E18 und E19 sowie zehn russische U-Boote und Zerstörer beteiligt. Die Angriffe erfolgten auf den drei Haupthandelswegen zu den schwedischen Erzhäfen, nach Libau und dem Sund.

Die starken Verluste veranlassten das Berliner Kriegsministerium im Dezember 1915, beim Roheisen-Verband nachzufragen, ob eine Reduzierung der Eisenerzeinfuhr möglich sei. Possehl bezeichnete die schwedischen Erzimporte als sehr erheblich, worauf der Admiralsstab es für »zweckmäßig« hielt, »soviel Erz wie möglich während der Wintermonate von Schweden nach Deutschland zu bringen«. Das hatte natürlich auch Konsequenzen für die Sicherheit. Anfang April 1916 wurde die 1. Handelsschutzhalbflottille in Dienst gestellt. Es wurden Geleitzüge der Handelsdampfer zusammengestellt und gewöhnlich bis zu 20 Schiffe von vier wehrhaften Bewachern auf den drei Haupthandelswegen begleitet.

Nach achtmonatiger Tätigkeit dieser Handelsschutzflottille bilanzierte man in Berlin befriedigt, dass Briten und Russen mit Artillerie oder Wasserbomben in die östliche Ostsee zurückgedrängt worden wären. Fast 3.000 Handelsschiffe hätten rund drei Millionen Tonnen Erz sicher in ihre Zielhäfen gebracht.

Bei den Angriffen der U-Boote auf Erzfrachter zeigte sich insbesondere die wiederholt erwähnte britische E19 unter Kommandant Cromie erfolgreich.

So heißt es im Kriegstagebuch HM Submarine E19 im Herbst 1915:

»4. IX. 6.30 Uhr pm (ab Newcastle) bis 12. IX.

7. bis 9. IX. In Kattegat und Sund verdächtige Fahrzeuge gesichtet, anscheinend deutsche Bewacher.

10. IX. 1.30 Uhr am. In Flintrinne Schnelltauchen vor Zerstörer auf 5 m Wasser.

10. IX. 5.10 Uhr am. Doppelschuss auf Zerstörer. Hörte starke Explosionen und Propellergeräusche. Zerstörer jagte mich den ganzen Tag. (S 112 Wasserbomben)

11. IX. 9 Uhr am. In Höhe von Öland zwei Zerstörer gesichtet, getaucht. (16. Halbflottille) [...]

28. IX. 7.30 Uhr pm. Bis 13. IX. am.

29. bis 30. IX. Vormarsch östl. Gotska Sandön, westl. Gotland nach Bornholm.

1. bis 2.X. Gekreuzt östl. Gedser Riff, öfters Kreuzer und Torpedoboote gesichtet.

2. X. 5 Uhr am. Schnelltauchen vor deutschem Hilfskriegsschiff. (*Silvana*)

6.30 Uhr am. Verlor die Gewalt über das Boot, durchbrach zweimal die Wasseroberfläche. Hörte schwache Explosionen wie von zerspringenden Drähten oder Geschossschlägen. (*Silvana* feuerte)

3. X. 4.30 Uhr pm. Bei Rügen Dampfer *Svionia* angehalten, Mannschaft entlassen. Nach Geschützfeuer zwei Torpedos geschossen; Nr. 1 lief nicht, Nr. 2 ging unter dem Schiff durch.

4. bis 5. X. Westl. Rønne (Bornholm), am 4. wegen schlechten Wetters auf Grund.

6. bis 10. X. Gekreuzt zwischen Stevns Klint, Falsterbo, Møns Klint und Gedser Riff. Mehrere Kriegsschiffe passieren außer Schussweite, sonst nur schwedische Handelsschiffe.

10. X. 2.30 Uhr pm. Stoppte Dampfer *Lulea*. Zu grobe See, um das Geschütz zu gebrauchen oder ein Boot längsseits zu

schicken. Torpedo gefeuert; Gradlaufapparat versagte. (*Der Erz-dampfer* Lulea *wurde am 15. Oktober 1915 von seiner Strandungs-stelle bei Gedser geschleppt und wieder flott gemacht. Er lief nach Tra-vemünde – R. Ö.*)

11. X. Versenkte Dampfer *Walter Leonhard, Germania, Gut-rune, Direktor Reppenhagen, Nicomedia* teils durch Öffnen der Bodenventile, teils durch Sprengungen. Besatzungen retten sich an Land oder auf schwedische Handelsschiffe.«

Laut Logbuch der E19 wurde der Erzfrachter »Germania« um 13 Uhr versenkt. Das traf nicht zu. Das Schiff lief 11.55 Uhr zwei Seemeilen vor der schwedischen Küste auf eine Sandbank, als es sich dem Angriff des britischen U-Boots durch Flucht entziehen wollte. Die E19 ging um 13 Uhr längsseits und sprengte ein Leck in den Laderaum achtern, um das Schiff zu versenken.

Damit wurde Schwedens Neutralität verletzt, wogegen Stockholm in London protestierte. Dort hieß es, man habe außerhalb der 3-Seemeilenzone mit Schüssen die Besatzung der »Germania« vor der Untiefe warnen wollen, die ihr schließlich zum Verhängnis wurde. Und das Leck sei durch Explosion eines Kessels verursacht worden.

Der Erzfrachter »Germania«

Die schwedische Regierung erklärte, dass diese Darstellung unannehmbar sei, und die Presse spottete über die englischen Ausreden. Die »Germania« wurde abgeschleppt und in Deutschland repariert.

»12. X. 9.40 Uhr am. Schwedischer Dampfer *Nike* zur Untersuchung mit nach Reval mitgenommen. (*Der mit Eisenerz beladene schwedische Dampfer* Nike, *unterwegs nach Stettin, wurde von E19 aufgebracht und nach Kronstadt gelotst, musste aber später freigelassen werden, weil Erz nach der Londoner Erklärung von 1909 nicht als Konterbande erklärt werden durfte – R. Ö.)*

13. X. am. 5 sm östl. Odensholm Kurs geändert, um einen von einem U-Boot gefeuerten Torpedo auszuweichen. [...]

30. X. 7.45 Uhr pm. bis 9. X. am.

31. X. bis 1. XI. Handelskrieg westl. Gotland. Nichts gesichtet.

2. XI. 2 Uhr pm. In der Hangöbucht Dampfer *Suomi* angehalten, Holzladung in Brand gesetzt.

3. bis 6. XI. Gekreuzt in der Kadet-Rinne (Gedser-Enge)

7. XI. Fährverkehr Saßnitz–Trelleborg beobachtet.

7. XI. 9.25 Uhr am. Außer Fährschiffen auch Kl. Kreuzer und Zerstörer in Sicht. (*Undine, V154*)

12.45 Uhr pm. Feuerte St.B. Seitenrohr auf 1.000 m, traf St.B.vorn. Kreuzer dreht im großen Bogen ab und stoppte.

12.55 Uhr pm. Schoss Heckrohr auf 1.100 m, Torpedo traf achtern. Versuche, den Zerstörer zu beschießen, durch dessen Manöver verhindert.«

Der Fall »Svionia«

»Der Stettiner Dampfer *Svionia* der Reederei Kunstmann ist gestern kurz nach 5 Uhr nachmittags bei Arkona durch ein feindliches U-Boot mit Geschütz beschossen worden«, meldeten am 16. Oktober 1915 die zuständigen Stellen. »Das Schiff ist bei Stubbenkammer auf Strand gesetzt. Zehn Mann der Besatzung sind auf Kolligerort gelandet, der Rest der Besatzung mit dem Kapitän und dem Steuermann ist nach Saßnitz unterwegs. Die Leute erzählten, dass das U-Boot zunächst die deutsche Flagge führte, dann die englische Flagge setzte und auf 400 bis 500 m ohne vorherige Warnung den Dampfer beschossen habe. Darauf sei die Besatzung in die Boote gegangen.«

Im umfangreichen Aktenmaterial ist nur von einem Leck die Rede, das von Findlingen, die auf dem Meeresboden vor Stubbenkammer liegen, entstanden sei. Die Strandung der »Svionia« war kein spektakuläres Ereignis in Kriegszeiten, sie hätte keine Schlagzeilen geliefert. Es waren die Begleiterscheinungen, die den Vorgang später in den Fokus des öffentlichen Interesses rückten.

Mit der Bergung des 2.800-Tonnen-Frachters wurde die Firma Spruth in Greifswald beauftragt, sie hatte an gleicher Stelle schon einmal ein Boot gerettet, die Bark »Skjold«. Der Bergungsdampfer »Rügen« steuerte das gestrandete Schiff an. Die Helfer entfernten die in den Schiffsboden eingedrungenen Steine. Das erwies sich als äußerst schwierig, da sich mächtige Brocken im Doppelboden verkeilt hatten. Anschließend wurde der Meeresboden seeseitig vom Schiffsrumpf beräumt, um weitere Beschädigungen beim geplanten Freischleppen zu vermeiden.

Da das Schiff mit eigener Kraft ins tiefere Wasser verholt werden sollte, wurden noch zwei Dalben gerammt. Die Verholversuche scheiterten wiederholt. Daraufhin wurde die Hamburger Firma Philip Holzmann mit der Bergung beauftragt. Diese hob beim Schiff einen 100 m langen und 20 m breiten Unterwassergraben aus. Man setzte darauf, dass der Boden unter dem Schiff nachgebe und in den Graben rutschte, so dass die »Svionia« unter dem Kiel die nötige Wassertiefe bekäme.

Spruth aus Greifswald, der mit den Eigenschaften des aus Kreide und Geschiebemergel bestehenden Untergrundes vertraut war, sagte diesem Unternehmen keinen Erfolg voraus. Der Meeresboden besaß eine sehr hohe Festigkeit und würde an den Grubenkanten nicht nachsacken, wie es bei einem Sanduntergrund wahrscheinlich wäre. Sein Urteil bestätigte sich. Nun wollte man das Schiff durch Ankippen in die Grube rutschen lassen. Dabei spekulierte man darauf, dass sich bei einer Krängung die Tauchtiefe des Schiffes verringerte. Dazu wurden landseitig vier Fundamente aus Beton errichtet und darauf Hebezeuge montiert, um das Schiff einseitig anzuheben. Schon beim ersten Versuch brachen zwei dieser Fundamente.

Die Herbststürme zwangen zum Abbruch. Das Interesse an einer Bergung erlosch für geraume Zeit. Erst am 13. Oktober 1918 plante man erneut die Rettung. Dem Schiff sollte an Bug und Heck des Schiffes je ein Schlitten untergeschoben werden. Danach wollte man das Schiff in Richtung offene See drehen, bis es mit dem Heck voran freigeschleppt werden konnte.

Am 16. August 1919 meldete das *Rügensche Kreis- und Anzeigenblatt*, dass die Bergung der »Svionia« unmittelbar bevorstehe.

Bei den Vorarbeiten kam es am 10. September 1919 zu einem Brand im mittleren Schiffsbereich. Gegen Mitternacht wachte der Maschinist der »Svionia«, der mit seiner Frau im Achterschiff schlief, vom Heulen des Schiffshundes auf.

Qualm kam aus der Richtung, wo die Kajüte des Tauchers Diebitz und eines 19-jährigen Maschinenassistenten lag. Das ganze Mittelschiff hatte Feuer gefangen, ein Durchkommen zu den in

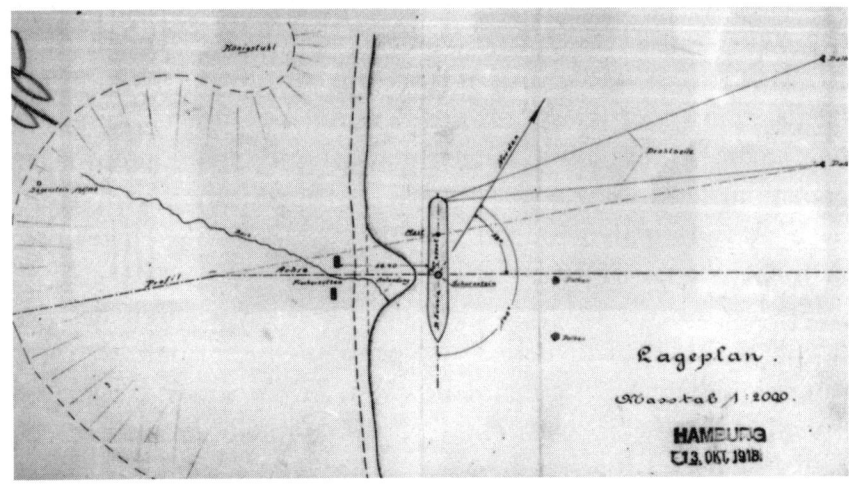

Holzmanns Plan zur Bergung der »Svionia«

der Kajüte Eingeschlossenen war nicht mehr möglich. Augenzeugen berichteten, dass Diebitz durch das Bullauge geschaut und um Hilfe gefleht habe, als er schon am ganzen Körper brannte. Er bestellte noch einen Gruß an seine Eltern, dann brach er zusammen.

Wie das Feuer entstanden war, konnte nie geklärt werden.

Der Kapitän war das erste Opfer der Flammen geworden. Die Brücke und das Mittelschiff brannten völlig aus. Vom Bergungsdampfer »Zeeland« wurde schließlich das Feuer gelöscht.

Nachdem alle Versuche gescheitert waren, das Schiff in die vorbereitete Baggerrinne zu bugsieren, schaffte dies ein starker Nordoststurm am 31. Oktober 1919. Nunmehr sollte das Schiff ausgepumpt und abgeschleppt werden. Aber dazu kam es nicht mehr, weil beim Aufschwimmen die schwere Dampfmaschine die morsche Bordwand durchbrach, das Schiff voll Wasser lief und sank. Nach vier Jahre dauernden Bergungsversuchen wurde die »Svionia« endgültig aufgegeben und verschrottet. Die Reste der Bodenplatte waren noch nach dem Zweiten Weltkrieg bei klarer See vom Königsstuhl aus zu sehen.

Neugierige vor dem gestrandeten Wrack

Im August 2011 startete ich eine Tauchexpedition in Richtung Insel Öland im Kalmarsund, wo ich fünf Jahre zuvor schon einmal zum Wrack der »Walter Leonhard« getaucht war. Damals mit der MS »Artur Becker«, diesmal mit dem niederländischen Zweimast-Segelschoner »Zephyr«. Neben der Begutachtung des Wracks und möglichen Veränderungen wollten wir untersuchen, ob und welche Fracht sich an Bord befand.

Die Wetterlage in der südlichen Ostsee war ideal.

Wir legten an einem Montagmittag im Stadthafen Rostock ab und liefen unter vollen Segeln. Mein schwedischer Tauchfreund Magnus Bratt hatte mir bestätigt, dass sich Tauchgänge zur »Germania« lohnen würden.

Wir legten einen Zwischenstopp nahe der Insel Bornholm ein und tauchten zum Wrack eines sowjetischen U-Bootes der Whiskey- Klasse. Das über 70 Meter lange Boot lag seit 1989 in einer Tiefe von 38 Metern auf Grund. Es war ausgemustert, zur Verschrottung verkauft und im Dezember 1989 mit weiteren drei U-Booten in Richtung Westen über die Ostsee geschleppt worden. Eine Trosse brach, es sank. Später schleppte man es an jenen Ort, wo das U-Boot noch immer liegt.

Beim Flaschenfüllen gab es Probleme mit dem Keilriemen unseres Kompressors. So entschlossen wir uns, den Hafen Allinge anzulaufen, um Ersatz zu bekommen. Dabei entschlossen wir uns spontan, doch nicht zum U-Boot zu tauchen, sondern den lediglich zwei Seemeilen entfernt liegenden chinesischen Frachter »Fu Shan Hai« aufzusuchen. Das 225 Meter lange Schiff war erst 2003 gesunken, der Grund befand sich in 70 Metern Tiefe. Es war eine echte Herausforderung, bei Strömung in völliger Dunkelheit hinabzusteigen. Mein ungutes Gefühl bestätigte sich. Eine Taucherin hatte Probleme mit ihrer Zusatzflasche, der Reserveautomat versagte bei 40 Meter, er zog Wasser statt Luft. Das Taucherpaar stieg folgerichtig rascher nach oben als zulässig. Unser Rettungsteam versorgte beide mit Sauerstoff. Alles ging noch einmal gut aus.

Doch ich brach den Tauchgang ab. Wir lichteten die Anker und segelten Richtung Kalmarsund.

Nach einigen Stunden Seefahrt erreichten wir unsere Position. Das überraschend klare Wasser mit horizontalen Sichtweiten von über 25 Metern war saukalt. Die schwedischen Taucherkollegen hatten kleine Markierungsbehälter mit Schottleine am Wrack hinterlassen, so mussten wir nicht lange suchen.

Aufgrund der meist vagen Positionsangaben, welche ich in den letzten Jahren immer wieder auf die Back bekam oder in alten Unterlagen fand, habe ich mit meinem Team eine besondere Suchtechnik entwickelt, die zu unserem immer schmalen Expeditionsbudget passte. Federführend war dabei mein Hamburger Taucherkollege und U-Bootfahrer Ingo Oppelt. Neben der üblichen Navigationstechnik – Radar oder Kartenplotter, die sich an Bord unserer Arbeitsboote befinden – haben wir uns ein GPS mit Hochgeschwindigkeits-Datenverarbeitung und Positionsfestsetzung angeschafft, welches knapp 1.000 Wege- und Trackpunkte auf etwa 50 Routen markiert und speichert.

Ein hochauflösendes Sonar mit 480x480 Bildpunkten und ein Heckgeber gehören ebenfalls zu unserer leichten Suchtechnik. Die Impuls-Sendeleistung von 4.000 Watt ermöglicht eine Messung in weit über 100 m Wassertiefe. Für unsere Arbeitszwecke sind die Parameter sowie eine schwarz-weiße Displayanzeige völlig ausreichend im Einsatzgebiet der Ostsee.

Die Spannung von 12 Volt bei Sonar und GPS ermöglicht den portablen Einsatz in Verbindung mit einer Autobatterie auch auf jedem kleineren Boot, falls man mal nicht auf hoher See unterwegs ist

Trotzdem: Das Wichtigste waren und sind die gute alte Seekarte, der Kompass, die Kurs- und Anlegedreiecke und der Kartenzirkel, das klassische Navigationsbesteck eben. Auch wenn es schön und totsicher ist, mit Hilfe der modernen Elektronik auf die Jagd zu gehen, ist es unverzichtbar, bei der täglichen Lagebesprechung der versammelten Mannschaft die Route auf der Seekarte zu erläutern.

Das Oberdeck der »Zephyr« mit Tauch- und anderer Technik

Die üblichen, einfachen Basissuchmuster beim Tauchen, die auch ich benutze, sind das Radial-, Rücklauf- oder Netzverfahren. Dabei hilft ein Unterwasserortungsgerät, wie es auch die Minentaucher benutzen. Diese Suchverfahren habe ich als Kampfschwimmer während der Gefechtsausbildungen oft trainiert.

Die Auswahl der Suchmuster erfolgt in Abhängigkeit von der Größe des abzusuchenden Areals, von Wassertiefe, Sicht, Anzahl der Einsatztaucher und der Auffindwahrscheinlichkeit. Statistisch gesehen liegt der Erfolg bei der Suche mit klassischen Mustern zwischen 60 und 99 Prozent. Da ein Wrack meist größer und ungefährlicher ist als eine Mine ist die Wahrscheinlichkeit eben sehr hoch.

Mit unserer modernen elektronischen Technik können wir von Bord aus suchen, wir sparen Tauchgänge. Wenn ich im ersten Schritt das Suchmuster mit dem Schiff fahre, kommt parallel das Sonar und das GPS zum Einsatz. Ist das vermutete Wrack gefunden, wird die Position mehrmals überfahren und eingepunktet. Je mehr GPS-Punkte bzw. Markierungen gesetzt werden, desto besser, weil deutlicher erscheint das Wrack auf dem Schirm. Eine Verbindung der Punkte durch eine Linie ergibt die Konturen.

Im zweiten Schritt wird das etwa 20 Kilo schwere Grundgewicht mit Leine und Boje in die See geworfen. Je nach Strömung wird das Gewicht vor dem Wrack positioniert, so dass die Strömung die Schotleine über das Wrack straff zieht. Bei sehr starker Strömung wird neben dem Grundgewicht noch einen Draggen – ein kleiner Anker mit vier Flunken – eingesetzt, welcher als Vorfach mit einem Seil am Gewicht befestigt wird. Falls sich der Draggen zu stark im Wrack verkeilt hat, soll dies beim Hochziehen des Grundgewichts reißen.

Mitunter schleppen wir Taucher per Schlauchboot an den Tauchplatz. Dabei haben sich zwei Varianten bewährt: entweder geschieht das in Kampfschwimmer-Manier, d. h. der Taucher hängt seinen linken oder rechten Arm in eine Schleppschlaufe am Boot und legt sich auf den Rücken. Oder, zweite Methode, die Taucher hängen an einer langen Leine mit Schlaufen, die hinter dem Boot hergezogen wird. Diese Variante empfiehlt sich, wenn der Motor keinen Propellerschutz hat. Nachteilig ist, dass der Bootsführer schlechten Blickkontakt zu den Tauchern hat.

Zur Tauchersicherheit trägt die Stabboje bei, im Jargon »Walpimmel« genannt. Sie ist auch bei Seegang noch im Wellental sichtbar.

Schleppen mit einer Heckleine

Weiterhin sollte eine Spool oder Reel mitgeführt werden, um ein Verheddern der Leinen zu verhindern und um die Verbindung zur Schotleine zu halten. Falls sich die Sicht plötzlich verschlechtert, kann dies sehr wichtig sein.

Hilfreich kann auch eine kleine Gartenschere sein. Oft sind die Fischernetze, die sich an Wracks verfangen haben, aus Nylon. Das lässt sich nur schwer mit dem Tauchermesser teilen. Eine simple Gartenschere ist da weitaus nützlicher.

Tauchgang zur SS »Nicomedia«

Am frühen Morgen des 18. August steuerten wir das Steamship (SS), also das Dampfschiff »Nicomedia« an. Der deutsche Frachttransporter (4.400 t), fast 120 Meter lang, liegt in 35 Metern auf Grund. Bei 28 erreicht man das Oberdeck. Im Vorjahr hatten wir es schon einmal versucht, doch da machte uns das Wetter einen Strich durch die Rechnung.

Diesmal erlaubte uns die gute Sicht unter Wasser zwei Tauchgänge nacheinander. Interessant fand ich, dass die beiden Anker sich noch immer in der eingeholten Position befanden. Auch die beiden großen Ankerwinden waren auffällig. Tauchte man in Richtung Mittschiffs, konnte man durch die Brücke hindurch

Der Erzfrachter »Nicomedia« in Hamburg, gebaut 1901

Die »Nicomedia« in 28 Metern Tiefe: Niedergang am Bug

schwimmen. Ließ man sich durch das Ladeluk in die Frachträume sinken, bekam man eine Vorstellung, welche Menge an Erz hier hineinging. Das Teakholzdeck befand sich in einem bemerkenswert guten Zustand. Die Dunkelheit und die Armut an Sauerstoff im kalten Wasser sorgten für eine erstaunliche Konservierung.

Die beiden Unterwasserfotografen Andreas Kloft und Dirk Zeuner aus Düsseldorf waren begeistert vom guten Zustand des Wracks und schossen ein Bild nach dem anderen. Die große Ankerwinsch hielt die Anker noch in Position, obgleich der Bug durch Sprengung ziemlich deformiert war.

Das Schiff der Hapag (Hamburg-Amerikanische Packetfahrt Actien-Gesellschaft) war am Montag, dem 11. Oktober 1915, vom britischen U-Boot E19 südwestlich vor Öland um 18 Uhr gestoppt worden. Die Besatzung lud die Engländer, bevor sie von Bord gehen musste, noch ein, mit ihnen ein Bier zu trinken. Was man auch tat. Dann stiegen die 39 Mann in die Rettungsboote, die Briten öffneten die Seeventile, ließen eine Sprengladung zurück und versenkten das Schiff. Da war es 19.30 Uhr.

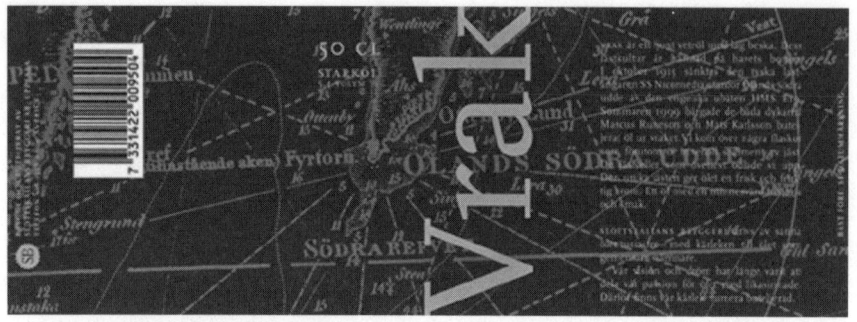

Etikett und Kronkorken des Bieres, das nach der Vorlage gebraut wurde, die schwedische Taucher 1999 im Wrack des deutschen Erzfrachters »Nicomedia« fanden. Das Flaschenetikett zeigt den Untergangsort des 1915 von den Briten versenkten Schiffes

1999 fanden schwedische Taucher im Wrack einige Bierflaschen, die man 84 Jahre zuvor nicht geleert hatte. Die Bauerei »Slottskällans bryggeri« in Uppsala sicherte die Hefekulturen und rekonstruierte den Gerstensaft, den sie im Jahr darauf als »Wrackbier« auf den Markt brachte. Magnus Bratt behauptete, das Bier schmecke fantastisch, was ich weder bestätigen noch dementieren kann: Ich habe es noch nie getrunken.

Tauchgang zur SS »Direktor Reppenhagen«

Frühmorgens am 19. August 2011 unternahmen wir unseren nächsten Expeditionstauchgang. Er galt der »Direktor Reppenhagen«. Der Frachtdampfer, 1893 in Stettin gebaut, mit 1.700 t Wasserverdrängung, lag in 32 Metern Tiefe.

Das SS »Direktor Reppenhagen« war das vierte jener fünf deutschen Schiffe, die am 11. Oktober 1915 von E19 versenkt wur-

SS »Direktor Reppenhagen«, 1893 in Stettin gebaut

den. Gestoppt 15.00 Uhr, gesunken 17.15 Uhr, hieß es im Kriegstagebuch.

Beim Tauchgang herrschte gute Sicht. Das 80 Meter lange Wrack zeigte offene Ladeluken. Brückenteile und Maschinenanlagen boten einen imposanten Eindruck. In den Laderäumen fanden wir noch Reste von Eisenerz aus Schweden.

Eingang zum Unterdeck am Wrack der »Direktor Reppenhagen«

In der Kombüse ist Geschirr zu erkennen

Das Wrack war relativ vollständig erhalten. Auf dem Holzdeck waren an der Bugsektion die große Winsch, die umlaufende Reling und Niedergänge zu sehen. Mehrere Räume konnten wir über die großen Laderaumöffnungen betauchen. In der Kombüse waren ein großer Herd, Geschirr und Schränke zu erkennen. Auch in der Kapitänskabine und in der Mannschaftsmesse stand noch Mobiliar.

Es war spannend, sich durch die Räume unter der Brücke zu bewegen. Auch die Etage darunter ließ sich mühelos besichtigen. Im Maschinenraum entdeckte ich eine Werkbank, in deren Schubladen Werkzeug lag. Das war der Arbeitsplatz von Seeleuten, die ihn wegen des Krieges verloren. Ohne diesen Irrsinn wäre der Kahn noch Jahre friedlich über die Ostsee gefahren. Gewiss, die Besatzung behielt beim Untergang ihr Leben, man konnte sich in die Rettungsboote flüchten, als das Schiff binnen einer Stunde sank. Doch es war ein abruptes, unfreiwilliges Ende. Der Tauchgang war eine Zeitreise, wie ich nicht zum ersten Male verspüre. Ein Reise in die Vergangenheit, die nun fast schon ein Jahrhundert alt war.

Tauchgang zur SS »Walter Leonhard«

Beeindruckten uns am Wrack der »Reppenhagen« die quiet-
schenden Schotten, die engen Korridore und die Dunkelheit, aus
der, so meinte man, in jedem Moment der Klabautermann auftauchen müsste, so war es beim Frachter »Walter Leonhard« der
in der Strömung wehende Algenbewuchs.

Der Wind hatte aufgefrischt, die Wellen gingen hoch, als
Kapitän Jan Kuik den Anker warf. Das Wrack des 1.250-Tonnen-
Frachters lag auf 36 Metern. Die Deckoberkante erreichten wir
bei 32 Metern. Ursprünglich nahmen wir an, wir würden nur auf
versprengte Wrackteile stoßen, wir mussten uns korrigieren. Bug
und Heckteil boten viel interessante Details, so etwa der Ersatzfahrstand mit dem Steuerrad, das von Algen und Muscheln
ummantelt war. Die starke Meeresströmung bewegte den Algen-
kranz hin und her, als handele es sich bei dem 1902 in Lübeck
gebauten und am 11. Oktober 1915 von der E19 versenkten
Schiff um den »Fliegenden Holländer«.

Fahrstand der »Walter Leonhard« in 35 Metern Tiefe

Wie sich bei der Untersuchung der Laderäume zeigte, hatte der Frachter – entgegen der ursprünglichen Annahme – keineswegs Eisenerz geladen, sondern Zellulose und Papier.

Das Teakholz der Decksplankung, Teile der Maschinenanlagen und das Spantengerüst der Bugsektion mit vielen Bohrungen – was auf die genietete Außenhaut des Schiffes hinwies – waren erstaunlich gut erhalten.

Nachdem der Luftvorrat aufgebraucht war, stiegen wir wieder hinauf. Oben erwartete uns eine recht bewegte See, die zwei Taucher seekrank werden ließ. Vier weitere hatten vergessen, sich an der Strömungsleine festzuhalten, die an der Oberflächenboje für eben einen solchen Fall befestigt worden war. Sie trieben dahin und waren in ihren schwarzen Tauchanzügen in der grauen See kaum noch auszumachen. Wir ließen das Beiboot zu Wasser und fuhren ihnen hinterher. Einer nach dem anderen wurde eingesammelt und zum Schiff zurückgeschleppt.

Wir hievten den Anker und nahmen Kurs auf Südschweden. Da es inzwischen aber spät geworden war, entschloss sich der

In der Messe der »Zephyr« bei Seegang

Taucher mit Scheinwerfer am Ersatzfahrstand

Kapitän, unter Land an einer günstigen Stelle den Anker zu werfen und dort zu übernachten.

Am nächsten Morgen beobachteten wir beim *early morning tea* am Strand einen Elch mit großen Schaufeln spazieren, der schließlich im angrenzenden Wald verschwand. Wir waren fasziniert von diesem Anblick, denn wann sieht man bei Örnkökerkösen von einem Segelschiff aus einen Elch um sechs Uhr in der Früh?

Tauchgang zum SS »Else Martini«

Wir segelten dann weiter und entschlossen uns, gleichsam zur Entspannung, in der Nähe des Svartgrundes, am Rande des Bornholmsgat, also dem Verkehrstrennungsgebietes in der Ostsee, nach dem Wrack der »Else Martini« zu tauchen. Das Frachtschiff liegt dort seit 1916 und gilt als schönes Wrack, womit man vornehmlich den Zustand meinte.

Nur noch die Hälfte der Taucher hatte jedoch ausreichend Luft in den Flaschen. Zwischenzeitlich hatte sich unser Kompressor

Die»Else Martini«, 1906 in Le Havre gebaut, seit 1912 für einen Rostocker Reeder fahrend, bis sie am 25. September 1916 unterging

wegen des Keilriemens verabschiedet, so konnten wir keine Flaschen mit Pressluft füllen.

Obgleich die »Zephyr« in einer Nebelbank lag, stiegen einige Taucher hinab. Der Nebel war derart dicht, dass wir von achtern nicht mal mehr den Klüverbaum sahen. Aus der Ferne hörten wir an Deck ein tiefes Nebelhorn. Wir schauten auf unser Automatisches Schiffs-Identifikations-Gerät (AIS) und stellten entsetzt fest, dass ein etwa 100 Meter langer Containerfrachter genau auf uns zusteuerte. Kapitän Jan Kuik nahm über Funk Kontakt auf und wies darauf hin, das sich das Schiff auf unserem Kurs befände. Sein AIS sei ausgefallen, lautete entschuldigend die Antwort, wir sollten uns besser aus seinem Weg machen. Mit anderen Worten: Der Frachter fuhr blind über die Ostsee, und wenn wir ihm nicht aus dem Kurs gingen, gäbe es ein Malheur.

Kuik funkte zurück, das wir vor Anker lägen, weil Taucher im Wasser seien, wir könnten nicht weg.

Danach waren nur noch die Nebelhörner zu hören. Das des Frachters und das unsrige. Es war, als unterhielten sie sich. Uns schien, als zöge das Containerschiff an uns vorbei. Wirklich? Oder hofften wir es nur? Es waren bange Minuten, die wir an Deck zubrachten und den Nebel mit Blicken zu durchdringen hofften.

Das Schiff rauschte in der Nähe vorüber, wir hörten die Bugwelle. Dann war alles vorbei. Wenig später lichtete sich der Nebel und die Taucher kehrten zur »Zephyr« zurück.

»Warum habt ihr ständig gehupt«, erkundigte sich einer.

Holger, unser Smutje aus Sachsen, sagte: »Weil där Gaffee fertsch wor und das Guchenbüfett gedäggt is. Warum sonst?«

Der Zustand des Wracks, so berichteten die Taucher, ist gut. Es steht aufrecht auf dem Kiel in 34 Metern Tiefe. Am Bug befindet sich die Winsch, und beide Anker sind in eingezogener Position erhalten. Die Brücke befindet sich Mitschiffs, die tragende Konstruktion ist erhalten, sodass man hindurchtauchen kann.

Hinter der Brücke gelangten sie unter Deck. Dort fanden sie einen Wassertank und die Notsteuermaschine, und schwammen weiter in den Maschinenraum.

Am Heck tauchten sie in die Besatzungsunterkünfte, wo aber kaum Details zu sehen waren. Ließ man sich dann auf den Grund herab, hatte man einen fantastischen Blick auf den Schiffspropeller.

Die »Else Martini« war auf der Fahrt von Stockholm nach Bremen, als sie in der Nacht vom 25. zum 26. September 1916 unterging. Als Ursache wird ein Minentreffer oder ein U-Boot-Angriff vermutet, Genaueres ist nicht bekannt. Es gab auch keine Überlebenden, die man hätte befragen können.

Jahre später wurden Gegenstände mit der Prägung »Vendée«, »E Forterre, Le Havre« und »Mehun, C P & Co. France« aus dem Wrack geborgen und nach Schweden gebracht. Im Maschinenraum demontierte man ein Schild mit der Aufschrift »Moteurs Havre 1905«, die Schiffsglocke und das Steuerrad mit einer Messingplakette: »Vendée 1906 Havre«. Alles Stücke aus dem früheren Leben der Rostocker »Else Martini«.

Diese Stücke sorgten für reichlich Verwirrung, weil man das Schiff für ein französisches hielt und unverändert nach der verschollenen »Else Martini« suchte. Erst reichlich spät wurde man sich bewusst, dass man den deutschen Frachter gefunden hatte.

Frauen als Heizer auf Erzschiffen

Zu den härtesten Aufgaben an Bord eines Frachters gehörte der am Feuerloch der Dampfmaschine. Es war dort laut, heiß und schmutzig und überdies schwer, mit der Schaufel Koks in die Glut zu schippen. Weil die Männer im Krieg waren, mussten Frauen an ihre Stelle treten. Sie übernahmen auch diesen schweren Job.

Die ersten Heizerinnen wurden auf dem in Hamburg liegenden Passagierdampfer »Imperator« der Hamburg-Amerika-Linie von chinesischen Heizern ausgebildet und dann auf andere Schiffe verteilt, insbesondere auf die Erzfrachter, die über die Ostsee fuhren. Sie haben nach Aussagen der Kapitäne ausnahmslos ihren Dienst »zur Zufriedenheit« an allen Plätzen versehen, auf die der Krieg sie stellte.

Frauen als Heizer in einem Dampfschiff

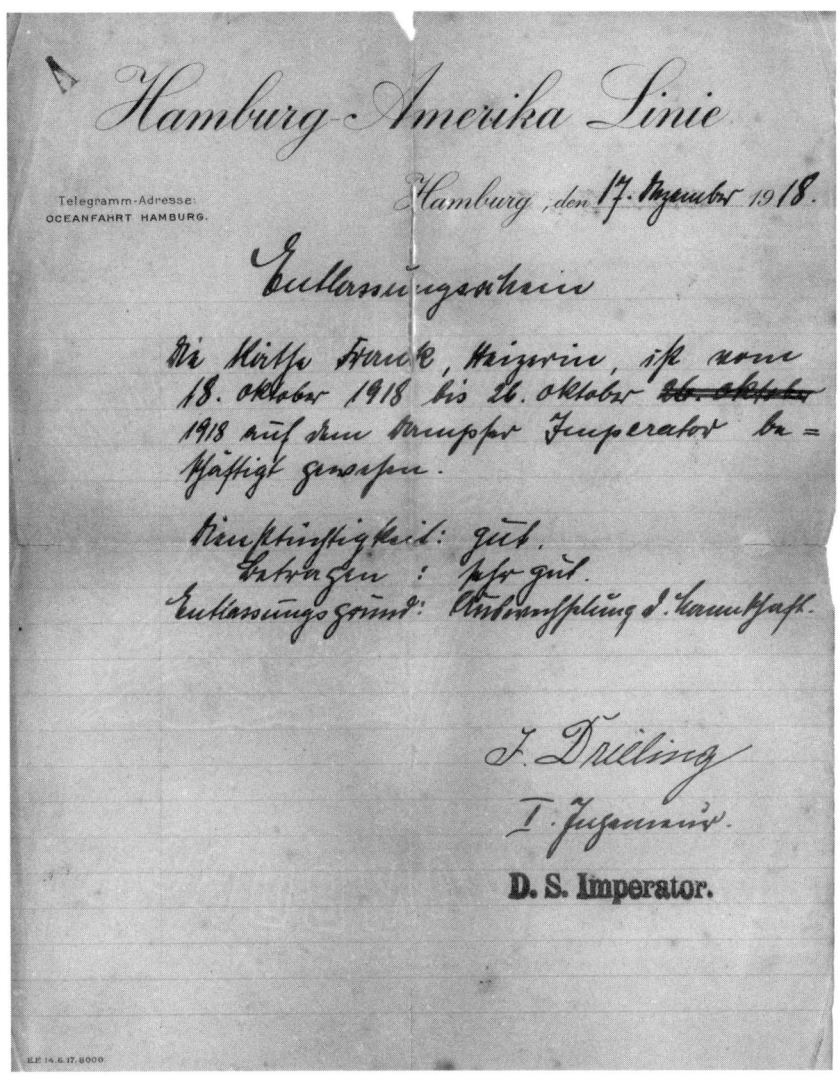

Am 17. Dezember 1918 wurde »Käthe Frank, Heizerin«, beschei-
nigt, vom 18. bis 26. Oktober 1918 auf dem Dampfer »Imperator«
beschäftigt gewesen zu sein. Ihre »Diensttüchtigkeit« wurde mit
»gut«, das »Betragen« mit »sehr gut«, als Grund für die Entlassung
der Heizerin wurde »Auswechslung der Mannschaft« angegeben.
Unterschrieben hatte den Entlassungsschein der I. Ingenieur des
Schiffs mit dem Namen Drieling

Die Heizerinnen auf der »Spezia«, von der Schwere ihrer Tätigkeit an Bord gezeichnet

Es war nicht leicht für die seeungewohnten, unterernährten Frauen, den schweren Dienst auf schlingernden und stampfenden Schiffen vor den heißen Kesseln zu verrichten. Aber sie behaupteten sich neben ihren männlichen Kollegen, wie es stellvertretend für andere im Zeugnis von Käthe Frank hieß.

Frühjahrsexpedition 2011
nördlich Kap Arkona

Im Mai 2011 organisierte ich eine Unterwasserexpedition mit 36 Teilnehmern im Rahmen der Wrackfundstellen-Erfassung Ostsee. Unterstützung bekam ich vom Landesamt für Bodendenkmalpflege Mecklenburg-Vorpommern. Auf unserer Agenda standen zwei Wracks aus dem Zweiten Weltkrieg. In einer Besprechung, die etwa sechs Monate zuvor in Berlin stattfand, wurden die Expeditionsteilnehmer vorbereitet.

Dabei wurde, wie stets, über Ablauf, Aufgaben und notwendige Voraussetzungen informiert, insbesondere aber über die Wracks, die Bedingungen dort und nicht zuletzt über die Historie der gesunkenen Schiffe. Ich präsentierte Zeichnungen, Dokumente und Fotos. Die Expeditionscrew würde aus Tauchern, Wissenschaftlern, Marinesoldaten und Archäologen bestehen. Für den Törn hatte ich das Dreimastsegelschiff »Regina Maris« in Amsterdam gechartert.

Ziel waren unter anderem Torpedoboote, die während des letzten Krieges nördlich von Rügen untergegangen waren.

Die Reise begann bereits mit einem Malheur. Der holländische Kapitän Martin Duba hatte beim Einlaufen in Warnemünde einen neu gesetzten Stahldalben im Gegenlicht nicht wahrgenommen und mit seiner Steuerbordseite gerammt. Er rief mich morgens gegen 5 Uhr an und teilte mir mit, dass die Reise abgesagt werden müsse.

Damit war fast ein Jahr Vorbereitung umsonst. Arbeit für die Katz und rund 30.000 Euro perdu. Was machten wir außerdem mit einer Tonne Proviant? Ich war verzweifelt. Mit Hilfe meines Organisationspartners Jürgen Zimmermann aus Kiel gelang es jedoch, bei der Seepolizei in Rostock die Freigabe zu erwirken.

Die »Regina Maris« durfte trotz erheblicher Blechschäden im Schanzkleid in See stechen.

Als wir die Warnow hinunterrauschten, erinnerte Smutje Holger Hövelmann daran, dass unser Kampfschwimmerkommando hier am 7. Oktober 1989 an der letzten Flottenparade teilgenommen hatte. Einige von uns waren aus dem Hubschrauber gesprungen, wir wurden mit Schnellbooten abgesetzt, andere segelten mit Fallschirmen vom Himmel. Das ganze Programm eben. Lang, lang war's her.

Der Kurs ging in Richtung Rügen. Da der Wind am Nachmittag immer mehr abnahm, änderten wir das Programm. Dr. Jens Peter Schmidt vom Landesamt hatte mir eine Position genannt, die wir sondieren sollten. Da wäre was, aber mehr habe man nicht in Erfahrungen bringen können. Ein jungfräuliches Wrack zu betauchen ist für jeden Taucher etwas Besonderes. Insofern machten wir aus der Flaute das Beste.

Allerdings war der Tauchgang ein wenig enttäuschend. In etwa 20 Metern Tiefe fanden wir den hölzernen Rumpf eines vormals 17 Meter langen Fischkutters aus DDR-Produktion. Auf der Steuerbordseite entdeckten wir einen senkrecht verlaufenden Schlitz in der Bordwand. Selbst ein Handwerkerlaie musste merken, dass der Schlitz sauber »geflext« war. Hatte jemand den Kutter absichtlich versenkt? Die Schiffsschraube war jedenfalls noch vorhanden.

Zur Übernachtung liefen wir im Hafen Saßnitz ein.

Kaum dass ich mich in die Koje gerollt hatte, informierte mich mein Tauchpartner Ingo Oppelt, dass die Polizei an Bord sei und den Kapitän befrage. Und er solle eine Zeichnung über das Wrack und dessen Fundort anfertigen.

Ich sprang aus der Koje, schließlich war ich der Expeditionsleiter, und ging auf die Brücke. Ich wies den Beamten meinen Ausweis als Bodendenkmalpfleger vor. Ich kannte sie bereits von dem Unfall mit der »Raba« und der »Artur Becker« und erkundigte mich nach ihrem Begehr.

Sie habe ein wachsamer Bürger informiert. Der habe gesehen, wie von einem holländischen Schiff – diesem hier – Taucher unmittelbar vor der Küste ins Wasser gesprungen wären. Er vermutete, dass es sich um Schmuggler handeln könne. Dieser Quasi-Anzeige gingen sie nun nach.

Wir brachen gemeinsam in Lachen aus.

Aber wenn sie schon einmal an Bord seien, so könne auch ich sie über etwas Merkwürdiges informieren. Wir hätten draußen einen Schiffsrumpf gefunden, der offenkundig mit Vorsatz versenkt worden sei, sagte ich.

Aha, sagte der eine Uniformierte, er erinnere sich. Vor einiger Zeit sei ein Kutter angeblich nach Dänemark verkauft worden, der aber nicht abgeholt worden wäre und dann über ein Jahr im Hafen lag. Daraufhin hatte man entschieden, das Boot kostenpflichtig zu verschrotten, natürlich zu Lasten des Alteigentümers. Und über Nacht sei es weg gewesen. Nun wisse man, wo es gelandet sei. Das zöge jetzt ein Ermittlungsverfahren nach sich.

Wir schieden voneinander und bereiteten uns an Bord auf die Nachtruhe vor.

Der entsorgte Kutter auf dem Meeresgrund

Am nächsten Morgen um 7 Uhr ging es unter Mövengeschrei hinaus aufs Meer. Der Fundplatz, den wir ansteuerten, lag etwa 15 Seemeilen nördlich von Arkona in 45 Metern Tiefe. Dort besteht der Meeresgrund aus einem weichen Sediment, es herrscht eine starke Strömung.

Wie erwartet, war das Wrack – das Torpedoboot T 34 – in den Grund eingespült, vier Meter tief waren es wohl, wie ich feststellte. Das Schiff war mit Bewuchs und Sediment überzogen und alten Fischernetzen. Der höchste Punkt des Wracks war die Steuerbordwand, von dort waren es 40 Meter bis zur Wasseroberfläche.

Am Bug waren Ankerklüsen, Anker und Ankerspill erkennbar. Auch das Deckshaus mit den Aufbauten war noch vorhanden, Mittschiffs befanden sich Reste der Torpedorohre. Bemerkenswert fand ich, dass die Farbe auf den Seeschlagblenden an der Innenseite der Bullaugen tadellos war, als wäre sie erst jüngst und nicht vor über sechs Jahrzehnten gestrichen worden.

Entgegen der Darstellung von Fregattenkapitän Wolfgang Müller, der 1996 in seinem Buch »Schiffsschicksale Ostsee 1945« erklärt hatte, dass T 34 gesprengt worden sei, waren noch zwei

Das Torpedoboot T 34 in Danzig, August 1944

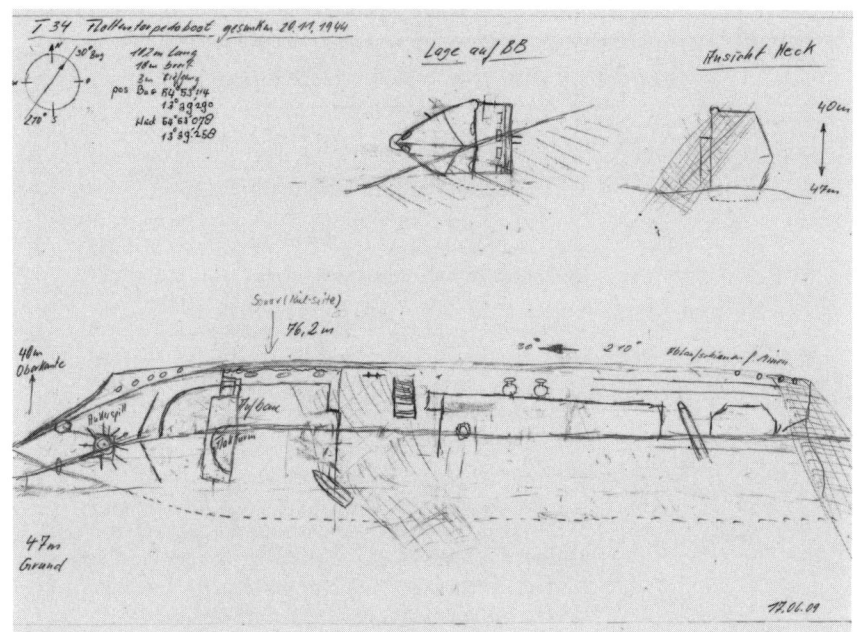

Skizze des Wracks von T 34, angefertigt nach meinem ersten Tauch-gang am 17. Juni 2009

Drittel des Schiffs vorhanden. Ich maß exakt 76,20 Meter. Offen-kundig hatte der Bergungstaucher Gerhard Wenzel, auf dessen Angaben sich Müller berief, an einem anderem Wrack Schrott-bergungen durchgeführt. Vermutlich lag im nahen Wrackumfeld das restliche Drittel vom abgerissenen Heckteil.

Laut Bericht des Seekadetten Karl-Heinz Marten war T 34 von der 5. Torpedoboot-Flottille am 20. November 1944 zu einer Schießübung mit modernen Feuerleitanlagen auf das Zielschiff »Hessen« abkommandiert worden. Es nahm Lehrgangsteilnehmer der Schiffsartillerieschule Saßnitz an Bord. Es nieselte bei geschlossener Wolkendecke und groben Seegang 6, die Lufttem-peratur lang nur gering über dem Gefrierpunkt. Gegen 11.18 Uhr detonierte am Achterschiff BB eine Ankertaumine, die das Boot touchiert hatte. Danach trieb das Achterschiff querab und wurde nur noch von den Minenschienen gehalten. Der Treffer lag zwi-schen der III. und IV. Abteilung am hinteren Deckshaus.

Tag Uhrzeit	Ort Wetter	Vorkommnisse
20.11.44		2) Mittlere und westliche Ostsee:

D. "Füsilier" (6.152 BRT) ist gegen Mittag südlich Nimmersatt etwa 2,5 km nördl. eigener HKL infolge fehlerhafter Navigation aufgelaufen. Schiff war vorher durch fdl. Artl. beschossen und durch Treffer im Maschinenraum manövrierunfähig geworden. Durch laufende Luftangriffe ist das Schiff in Brand geraten. Ab 1330 Uhr wird Bergung unter Jagdschutz versucht. Ein T-Boot und ein R-Boot versuchen, Besatzung zu retten.

Auf T 34 erfolgte 1128 Uhr bei Durchführung von Schießübung im Schießgebiet B Unterwasserdetonation, wodurch Achterschiff abgerissen wurde. Schiff ist nach wenigen Minuten gesunken. Nach Kentern erfolgte Kesselexplosion. Es ist noch ungeklärt, ob Minentreffer oder Torpedotreffer in Betracht kommt. Schiffahrt ist gewarnt, das Schießgebiet wegen Minenverdachts gesperrt. Die Verluste sind erheblich.

Verluststelle liegt in Nähe der Untergangsstelle von "Schlageter". Es ist nicht ohne weiteres verständlich, daß Übungen in diesem gefährdeten Gebiet fortgesetzt sind.

0100 Uhr ist Schlepper "Baku" infolge Minentreffers 15 sm NW-lich Dornbusch mit Verlusten gesunken.

Zum Minenräumdienst waren 15 Boote und 2 Sperrbrecher eingesetzt.

Eintrag im Kriegstagebuch vom 20. November 1944 mit Hinweis auf den Untergang von T 34

Die Explosion riss eine Schweißnaht auf der BB Seite entlang von der Trefferstelle gesehen bis zur Brücke auf. Der Wassereinbruch ließ das Boot innerhalb von sechs Minuten kentern. An Bord spielten sich dramatische Szenen ab. Verletzte und eingeschlossene Seeleute schrien durcheinander. Der Kommandant befahl »Alle Mann von Bord«.

Kurz nach 11.25 Uhr erfolgte eine zweite Detonation, was dem Boot endgültig den Garaus machte. Als es unterging, ragte das Vorschiff noch längere Zeit aus dem Wasser.

54 Besatzungsmitglieder und 24 Lehrgangsteilnehmer starben.

Das Fernlenkboot »Blitz« (ex. T 185) eilte zu Hilfe, später kamen das Artillerieschulschiff »Hestia« und der Schlepper »Kieseritzki« hinzu.

Später wurde bekannt, dass am 11. Oktober 1944 das sowjetische U-Boot L-3 eine Minensperre vor Kap Arkona gelegt hatte. Drei Tage später war das Segelschulschiff »Albert Leo Schlageter« beschädigt worden, das sich gemeinsam mit dem Segelschulschiff »Horst Wessel« auf Ausbildungsfahrt befand. T 34 war als Rettungsfahrzeug gerufen worden. Tage später sollte es an gleicher Stelle getroffen werden.

Tauchgang zum Minensuchboot M 557 vor der Greifswalder Oie

Unser zweites Ziel war die Untergangsstelle eines Minensuchbootes vor der Greifswalder Oie. Der Fundplatz war zwar nicht so spektakulär wie andere Wracks, weil das Kriegsschiff durch eine Explosion völlig in seine Bestandteile zerlegt wurde.

Das Schiff war nach dem Ersten Weltkrieg nicht ausgemustert, sondern mit weiteren 33 Minensuchbooten vom »Typ 16« Marine der Weimarer Republik überführt worden. Einige von ihnen wurden als Tender-, Artillerie-, Schul- oder Sperrversuchsboote eingesetzt. Das Gros verblieb mit den ausgebildeten Besatzungen bei seiner angestammten Aufgabe: Minen räumen.

Die nachtschwarz angestrichenen, kohlegefeuerten Boote waren populär und hießen im Bordjargon »M-Böcke«. Sie legten in den Sommermonaten an den Seebrücken der Ostseebäder und in Kleinhäfen an, um Nachwuchs zu werben.

Von den während des Ersten Weltkriegs gebauten 130 Minensuchbooten des Typs 16 kostete jedes etwa 2,6 Millionen Reichsmark.

Die schwarzen »M-Böcke«, Minensuchboote vom Typ 16, 1932

Das vor der Greifswalder Oie gesunkene Schiff wurde in Emden 1919 gebaut und in den Dienst gestellt unter der Nummer M 157, 1941 bekam es die Kennung M 557.

Am 27. Dezember 1941 lief ein kleiner Verband der Sperrschulflottille Kolberg mit den Booten M 502, M 557 und M 575 von Kolberg nach Kiel. Der Weg führte anfänglich in Küstennähe über die Oder-Bucht mit Ansteuerung Kap Arkona. Vermutlich wollte der Kommandant den Hafen Saßnitz während des Sturm aufsuchen und abwettern.

Am 29. Dezember meldete der Chef der Flottille, dass M 557 »überfällig« sei. »Boot ist auf der Fahrt der Flotille nach Kiel am 27.12. 19.00 h querab Greifswalder Oie im Schneesturm außer Sicht gekommen. Seitdem fehlt jede Nachricht. Auf Anordnung angestellte Nachforschungen im gesamten Küstengebiet sind bisher ergebnislos geblieben.«

Das Oberkommando der Marine erwähnte in seinem Bericht drei Logger, die Nähe der Tromper Wiek ebenfalls in Seenot geraten und von einem Schlepper nach Saßnitz eingeholt worden waren.

Das Wetter verschlechterte sich in der Zeit zwischen 19.00 und 2.00 Uhr erheblich. Auf den Wetterstationen Kolberg, Swinemünde und Arkona wurden Lufttemperaturen zwischen 0° C und minus 4° C, gemessen, der Nordwind wehte mit Stärke 7, es gab Schneeschauer.

In der Nacht vom 30. auf den 31. Dezember 1941 wurden am Strand von Dievenow zahlreiche Sperr- und Minensuchgeräte angetrieben, die vermutlich von M 557 stammten.

Laut Lagebericht des OKM hatte man den letzten Kontakt zum Minensuchboot am 27. Dezember gehabt, als dieses sich in Höhe der Greifswalder Oie aus dem Flottillenverband gemeldet hatte. Da danach kein Kontakt mehr aufgebaut werden konnte, erklärte das OKW im Januar 1942, dass das Boot am 27. Dezember bei einem Schneesturm mit Mann und Maus gesunken sei.

Ich notiere, nachdem wir unser Ziel erreicht haben und getaucht sind: Der Fundplatz liegt nördlich Greifswalder Oie in zehn Metern Tiefe. Er besteht aus einem kieshaltigen festem Untergrund mit freiliegenden Tonschichten, auf dem das gesprengte Wrackfeld zu finden ist. Die Wracklage ist mit dem

Trümmerfeld nahe der Greifswalder Oie – Teile von M 557

Überreste eines Bullauges der M 557, die mit Mann und Maus am
27. Dezember 1941 nahe der Greifswalder Oie unterging

Kompass schwer zu ermitteln. Aufgrund der geologischen Formation an der Oie liegt das Wrackfeld vor der Abbruchkante noch
im Flachwasserbereich. Die Wrackreste selbst sind mit dem üblichen Bewuchs und diversen Fischernetzen überlagert. Der höchste Punkt am Wrack bildet ein Feuerungskessel bei sechs Metern.

Erkennbar sind die Bodenschale, der Kiel, Bordwände, Planken, Spanten und anderes. Im allgemeinen ist das Wrackfeld
durch die ursprüngliche Minenexplosion verstreut oder später
durch Schrottbergungen bzw. Nachkriegs-Wrackbeseitigung weiter gesprengt worden. Vermutlich aber auch, um die Seewege wieder befahrbar zu machen.

Der Einsatz von Sonartechnik in der Unterwasserarchäologie

Von Michaela Reinfeld*

1. Zur Bedeutung hydroakustischer Fernerkundungsmethoden

Viele bedeutende archäologische Fundstellen im Wasser befinden sich außerhalb der Erreichbarkeit von Tauchern und können nur mit Hilfe modernster Technik lokalisiert werden. Zum Einsatz kommen dabei hydroakustische Ortungsgeräte wie das Echolot (*Echosounder*), das Seitensicht-Sonar (*Side Scan Sonar*), das Sediment-Sonar (*Sub Bottom Profiler*), das Fächerecholot (*Multibeam*) oder das *Sector Scan Sonar*.

Sonare sind Geräte, welche die Position von im Wasser befindlichen Objekten orten und die Entfernung messen. Dies geschieht mittels akustischer Wellen oder Ultraschallwellen, die am Objekt reflektiert oder von ihm ausgesendet werden. Man unterscheidet die Sonare in aktive und passive Systeme. Ein aktives System sendet einen Schallimpuls aus, und dieser wird, nachdem er von einem Ziel reflektiert wurde, wieder vom System empfangen. Aus der Messung der Laufzeit des Signals, also der Zeit von der Aussendung bis zum Empfang, wird die Entfernung zum Ziel berechnet. Anwendung finden aktive Sonare im militärischen Bereich bei der Abwehr von Unterseebooten oder bei der Minensuche.

Im zivilen Sektor dienen sie der Tiefenpeilung und Geschwindigkeitsmessung bei der Navigation von Schiffen. Weiterhin werden sie in der Fischerei, Offshore-Industrie, Ozeanografie, Meeresgeologie, Unterwasserarchäologie und für die Nachrichtenübertragung genutzt.

Passive Systeme dienen dem Empfang und der Auswertung von Signalen, die von einem Ziel ausgehen. Sie finden vor allem im

Aufstieg

militärischen Bereich Verwendung. Normalerweise werden Sonare am Rumpf eines Schiffes oder an einem Ausleger befestigt. Außerdem werden sie in Form von Detektorfischen, die hinter einem Schiff geschleppt werden, eingesetzt.

In der Unterwasserarchäologie ermöglichen Sonare eine gezielte Suche nach interessanten Objekten. Sie erlauben das systematische Beschreiben, Dokumentieren und Interpretieren von Einzelfunden oder ganzen Fundkomplexen wie Wracks, untergegangenen Siedlungen oder Hafenanlagen. Von Tauchern durchgeführte Erkundungen können langwierig und kostspielig sein. Die moderne Sonartechnik ermöglicht nicht nur eine effiziente und preisgünstige Durchführung von großflächigen Prospektionen, sie gestattet auch das Arbeiten unter erschwerten Bedingungen. Große Tiefen, schlechte Sicht, extreme Kälte oder andere Einflüsse, die ein Sicherheitsrisiko für Taucher darstellen, sind für Sonargeräte kein Problem.

2. Zur Entwicklungsgeschichte von Sonargeräten

Sonargeräte wurden ursprünglich für militärische Zwecke entwickelt und erst später den Bedürfnissen der Unterwasserarchäologie angepasst.

Schon Leonardo da Vinci soll im Jahr 1490 die Entdeckung gemacht haben, dass Schiffe aus großer Entfernung »gehört« werden können, weil sich Geräusche auch unter Wasser ausbreiten. Das Wissen um die Ausbreitung akustischer Wellen im Wasser ist demnach schon lange vorhanden, aber erst seit dem frühen 20. Jahrhundert wird diese Art der Schallausbreitung genutzt.

Seitdem fand eine kontinuierliche Entwicklung und Forschung auf dem Gebiet der Schallortung und Datenübertragung durch Sonare statt, die vor allem vom Militär vorangetrieben wurde. Heute hat die Sonartechnologie im maritimen Bereich eine ähnliche Bedeutung wie die Nutzung von Radar. Der Begriff »Sonar« hat sich als Kürzel für *Sound Navigation and Ranging* während des Zweiten Weltkrieges eingebürgert – als Gegenstück zu »Radar«, was bekanntlich für *Radio Detection and Ranging* steht.

Taucheranzüge, aufgereiht zum Trocknen an Oberdeck

Die erste genaue Messung der Schallgeschwindigkeit unter Wasser wurde in den 1820er Jahren vorgenommen. Dabei ermittelten der Schweizer Physiker Jean-Daniel Colladon und der französische Mathematiker Charles-François Sturm die Geschwindigkeit des Schalls im Genfer See. Im Verlauf des 19. Jahrhunderts beschäftigten sich verschiedene Physiker mit dem Phänomen der Transduktion und anderen physikalischen Effekten des Schalls. Zu den wichtigsten Forschern zählen Jacques und Pierre Curie, Charles Augustin de Coulomb und Wilhelm Röntgen. Unter Transduktion versteht man die Umwandlung von Elektrizität in Schall und wieder zurück in Elektrizität.

Noch vor dem Ersten Weltkrieg wurden Versuche unternommen, im Wasser befindliche Objekte durch Schall- beziehungsweise Echo-Ortung zu finden. Angetrieben wurden diese Forschungen durch den Untergang der »Titanic« im Jahr 1912. Aus diesem Ereignis resultierte das Bestreben nach der Auffindung des Schiffes unter Zuhilfenahme von Sonargeräten. Katastrophen wie diese sollten künftig durch die Ortung von Eisbergen mittels akustischer Techniken verhindert werden.

Erkundung unter Wasser

In jenem Jahr entwickelte der Kanadier Reginald A. Fessenden (1866–1932) den ersten Prototyp einer elektroakustischen Quelle zur Nachrichtenübermittlung und Echolotung unter Wasser. 1914 gelang ihm mit diesem Gerät die Lokalisierung eines Eisberges aus einer Entfernung von zwei Meilen. (Eine Seemeile sind etwa 1,85 Kilometer, eine Landmeile hingegen 1,6 Kilometer.) Der Erfinder und Rundfunkpionier Fessenden, der in den USA arbeitete, gehörte mit rund 500 Patenten weltweit zu den Menschen mit den meisten Patenten.

Während des Ersten Weltkrieges wurden verschiedene Sonargeräte für den militärischen Bereich entwickelt und eingesetzt. So entdeckte der französische Physiker Paul Langevin (1872–1946) die Möglichkeit der aktiven Signalübertragung im Wasser zur Entdeckung von Unterseebooten. Seine Erfindung kam im Ersten Weltkrieg aber nicht mehr zum Einsatz. In der Periode zwischen dem Ersten und Zweiten Weltkrieg erfolgte eine stetige Weiterentwicklung der Sonargeräte. Neben elektronischen Neuerungen

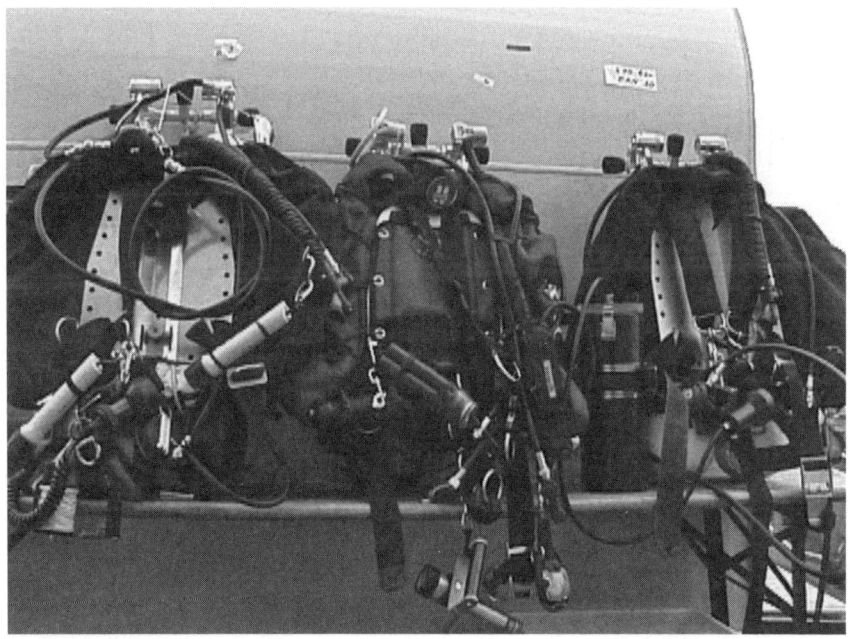

Ausrüstung an Oberdeck

Einschussloch in der Bordwand. Rechts: Taucherpaar unterwegs

wurde die Sonaranzeige verbessert, und man nutzte Ultraschallfrequenzen zur Übermittlung. Ultraschallfrequenzen unterscheidet man in Infraschall, Hörschall, Ultraschall und Hyperschall.
Mit dem Begriff Infraschall werden Frequenzen unter 16 Hz
bezeichnet, und der für Menschen wahrnehmbare Hörschall
umfasst Frequenzen von 16 Hz bis 20 kHz. Frequenzen von 20
kHz bis 1 GHz werden als Ultraschall bezeichnet und höhere Frequenzen als Hyperschall.

Die ersten Echolote wurden in Großbritannien und den Vereinigten Staaten kommerziell vertrieben. Zu Beginn des Zweiten
Weltkrieges gingen die Vereinigten Staaten zur Massenproduktion
von Sonargeräten über, die gegen deutsche Unterseeboote eingesetzt wurden. Auch nach dem Zweiten Weltkrieg blieben die Vereinigten Staaten führend bei Erforschung und Entwicklung der
Sonartechnologie.

Das heutige Wissen über die Akustik unter Wasser und die
Anwendung von Sonaren stammt im Wesentlichen aus jener Zeit.

Nach dem Krieg wurden Sonargeräte verstärkt im zivilen Bereich genutzt und zu kommerziellen Zwecken weiterentwickelt.

Echolote ersetzten zudem die Lotleine zur Tiefenmessung und wurden zur Ortung von Fischschwärmen verwendet. Neben der Ozeanografie und der Fischindustrie profitierten die Geologie, die Offshore-Industrie und viele weitere zivile Anwender, darunter auch die Archäologie, von der Entwicklung neuer akustischer Abbildungs- und Tiefenmessgeräte.

Bedeutende Fortschritte wurden in den frühen 60er Jahren mit der Konstruktion des *Side Scan Sonars* gemacht oder in den 70er Jahren mit der Entwicklung des Multibeam.

Die erste auf akustischen Methoden basierende und erfolgreiche Unterwassersuche erfolgte 1967 an der Südwestküste der Türkei in der Nähe der Stadt Bodrum. Der Survey fand unter der Leitung von George F. Bass von der Universität Pennsylvania statt und führte zur Entdeckung eines römischen Wracks in einer Tiefe von 85 Metern. »Survey« kommt aus dem Englischen und lässt sich mit Vermessung oder Berechnung übersetzen, eine mehr oder weniger systematische Suche nach Daten, die für ein bestimmtes Fachgebiet relevant sind.

Weitere Pionierarbeiten folgten im Jahre 1970 durch die Archäologen Spiridon Marinatos, Edward T. Hall, Peter Throckmorton und dem Ingenieur Harold Edgerton im Hafen des griechischen Porto Longo. Sie erprobten die Möglichkeiten geophysikalischer Prospektionstechniken, indem sie nach Schiffswracks in der dicken Sediment- und Schlammschicht des Hafens suchten. Dabei wendeten sie einen *Sub Bottom Profiler* und ein Protonenmagnetometer an.

Die ersten bundesdeutschen Sonaruntersuchungen erfolgten in den Jahren 1978 bis 1981 in der Siedlung Haithabu. Diese war die erste mittelalterliche Stadt in Nordeuropa, ein Handelsort und Hauptumschlagsplatz für den Handel zwischen Skandinavien, dem Nordseeraum und dem Baltikum. Sie lag auf der Kimbrischen Halbinsel an der Schlei in der Schleswigschen Enge zwischen Nordsee und Ostsee. Die seit Jahrhunderten verlassene Siedlung ist zusammen mit dem den Ort umgebenden Danewerk und dem Ringwall der slawischen Wagrier in Oldenburg in Holstein eines der bedeutendsten archäologischen Bodendenkmäler in Schleswig-Holstein.

Wrack der »Undine« in der Totalen

154

3. Der Schall

Schallwellen übertragen sich im Wasser besser als in der Luft. Die Ausbreitungsgeschwindigkeit von akustischen Wellen ist im Wasser vier- bis fünfmal höher als in der Luft. Aufgrund der geringen Dämpfung kann sich der Schall über tausende Kilometer in den Ozeanen ausdehnen.

Schall ist eine gleichmäßige Bewegung von Molekülen in einer elastischen Substanz. Er breitet sich in Gasen, Flüssigkeiten und Feststoffen aus. In Flüssigkeiten bewegen sich die Teilchen hin und her und weil Flüssigkeiten komprimierbar sind, kann diese Bewegung den Druck ändern. Im Vakuum findet keine Schallübertragung statt.

Erfolgt die Bewegung der Moleküle in Richtung der Ausbreitung, werden die Wellen als Longitudinal- oder Druckwellen bezeichnet. Diese Druckwellen werden in der Akustik unter Wasser genutzt und von Hydrophonen gemessen. In festen Stoffen erfolgt die Übertragung des Schalls in Form von Transversal- oder Scherwellen. Beispielsweise werden Schallwellen, die sich in Sedimenten ausdehnen, als Transversalwellen bezeichnet. Die Ausbreitungsrichtung in festen Materialien verläuft senkrecht.

Im Süßwasser bewegt sich der Schall mit einer Geschwindigkeit von etwa 1.481 Metern in der Sekunde, im Meerwasser von 1.500 bis 1.513 Metern. Diese Werte schwanken in Abhängigkeit von der Temperatur, dem Druck und dem Salzgehalt des Wassers. In wassergesättigten Sedimenten schwankt die Schallgeschwindigkeit zwischen 1.500 und 2.000 Metern in der Sekunde und in Luft beträgt sie nur etwa 340 Meter je Sekunde. Die Schallfrequenz wird in der Einheit Hertz ausgedrückt und ist bestimmt durch die Anzahl der Schwingungen pro Sekunde. In der Akustik unter Wasser werden Frequenzen zwischen 10 Hz bis 2,5 MHz genutzt.

Wenn sich Druckwellen im Wasser ausbreiten, werden sie gleichzeitig abgeschwächt und ihre Amplitude verkleinert sich. Dieser Vorgang wird als Dämpfung oder Ausbreitungsverlust

Das kaiserliche Urinal auf der »Undine« in der klassischen Form

bezeichnet. Je höher die Frequenz der ausgesendeten Schallwelle ist, desto stärker wird sie im Wasser gedämpft und ihre Reichweite verringert sich. Dies ist ein Grund dafür, warum sich die Schallwellen von *Sub Bottom Profilern*, die mit sehr niedrigen Frequenzen arbeiten, weit ausbreiten und ein tiefes Eindringen in Sedimentschichten ermöglichen. Die Frequenzen von *Side Scan Sonaren*, *Multibeam* oder *Sector Scan Sonaren* sind dagegen sehr hoch. Sie werden bei der Übertragung im Wasser stark gedämpft, aber wenig absorbiert, wenn sie auf ein Ziel treffen. Der Ausbreitungsverlust ist abhängig vom Übertragungsmedium, von der Frequenz, dem Druck, der Temperatur und dem Salzgehalt.

Neben dem Effekt der Dämpfung oder der Änderung der Schallgeschwindigkeit unterliegt die Schallwelle noch zahlreichen weiteren Einflüssen, die ihr Ausbreiten erschwert oder verhindert. So verursachen unterschiedliche Schallgeschwindigkeiten Brechungseffekte und Schallwellen, die auf Grenzflächen treffen, werden reflektiert, gestreut oder absorbiert. Grenzflächen sind die

Meeresoberfläche, der Meeresboden oder die Grenzen zwischen unterschiedlichen Sedimentschichten sowie Objekte, die sich auf oder im Sediment befinden. Ob das eintreffende Signal an einem Ziel gestreut, reflektiert oder absorbiert wird, hängt von der Oberflächenbeschaffenheit, Größe, Gestalt, Orientierung und Dichte des Objektes sowie von der Frequenz der Schallwelle und ihrem Einfallswinkel ab. Dabei wird nur ein Teil der reflektierten oder gestreuten Energie in Richtung des Sonarsystems zurückgestrahlt. Trifft eine Welle auf ein Hindernis, welches kleiner oder gleich der Wellenlänge ist, wird die Welle gebeugt.

Beugungseffekte verursachen Schattenzonen und sind ein wichtiges Kriterium bei der Auswertung von Sonogrammen.

In Sonogrammen, der grafischen Darstellung akustischer Messungen, unterscheiden wir zwischen Nutzsignalen und Störgeräuschen. Nutzsignale sind Reflexionen an Objekten auf oder im Sediment, weil sie archäologisch relevant sein können. Weiterhin

Überwuchertes Geschütz auf dem Wrack von SMS »Undine«

157

zählen Reflexionen des Seebodens zu den Nutzsignalen, denn sie dienen dem Bestimmen der Tiefe. Störgeräusche werden durch Mehrwegeausbreitung, Umgebungsgeräusche, Reflexionen an Grenzschichten, Luftblasen im Wasser oder Sediment sowie Lebewesen verursacht. Mehrwegeausbreitung entsteht, wenn Schall sich unterschiedlich ausdehnt und der Sonarempfänger das gleiche Signal aus verschiedenen Richtungen und mit unterschiedlichen Laufzeiten empfängt.

Die Bewegungen von Wind und Wellen oder Geräusche aufgrund von Regen zählen zu den natürlichen Umgebungsgeräuschen und sind schwer zu vermeiden. Dagegen kann man Störgeräusche, die vom Schiff oder Sonarsystem verursacht werden, möglichst gering halten.

Großen Einfluss auf die Schallausbreitung und Zielerkennung haben Bewegungen des Detektorfisches. Rollende, schwankende oder kippende Bewegungen lenken die Schallstrahlen ab und verzerren Signale. Übermäßiges Rauschen kann das Erkennen schwacher Signale verhindern. Im schlimmsten Fall werden dabei Reflexionen archäologisch interessanter Ziele vom Sonar ignoriert.

Abstieg in die schwarze, kalte Tiefe

4. Arbeitsweise eines Aktiven Sonars

Eine Aktivsonaranlage besitzt eine Schallquelle und produziert einen Ausgangsschall, den sogenannten Schalldruckpegel, der in Dezibel angegeben wird. Dabei erfolgt die Umwandlung der elektrischen Energie in Schallsignale durch einen *Transducer*. Normalerweise arbeitet die Schallquelle als Sender und Empfänger. Diese beiden Sonarbestandteile werden auch Transmitter (Sender) und Receiver (Empfänger) genannt.

Die Schallsignale werden nach ihrer Aussendung in der Wassersäule übertragen und dabei aufgrund der Energieübertragung der Moleküle gedämpft. Treffen die Signale dabei auf ein Ziel, werden sie reflektiert oder gestreut. Ziele sind in diesem Fall Grenzflächen oder Objekte. Eine Reflexion beziehungsweise Streuung erfolgt nicht notwendigerweise zurück in Richtung der Schallquelle, sondern wird von dem Einfallswinkel des eintreffenden Schallstrahls bestimmt. Die Rückstreuleistung oder auch Reflexionsleistung eines Objektes wird Zielstärke genannt.

Während sich der Schall zurück zur Schallquelle bewegt, verringert sich seine Signalstärke durch den Ausbreitungsverlust nochmals. Der Transducer wandelt die aufgenommenen Schallsignale zur Weiterverarbeitung wieder in elektrische Signale um. Wenn sich der Schall gleichmäßig in alle Richtungen ausbreitet, empfängt der Transducer neben den Signalen des Zieles auch eine Vielzahl von Hintergrundgeräuschen. Die Stärke der Hintergrundgeräusche wird durch das Bündelungsmaß des Transducers wieder abgeschwächt. Das heißt, wenn der Transducer direkt auf das Ziel gerichtet ist, verringert sich die Stärke der Hintergrundgeräusche. Zeigt der Transducer allerdings nicht in die Richtung, aus der das Zielsignal kommt, wird das Ziel schwächer empfangen.

Ein solcher Effekt entsteht, wenn das Sonar am Rumpf eines Schiffes befestigt ist oder als Detektorfisch von einem Schiff gezogen wird. Durch die Bewegung des Schiffes oder des Fisches verändert sich die Position des Transducers im kurzen Zeitraum der

Auf Unterwasser-Entdeckungstour

Aussendung und des Empfangs eines Signals. In der Datenverarbeitung des Sonars werden alle ankommenden Signale verwertet, sowohl Nutz- als auch Störsignale. Wird dabei eine bestimmte Reizschwelle überschritten, so wird ein Ziel als »anwesend« interpretiert. Reflektiert ein archäologisch interessantes Ziel die eintreffenden Schallwellen, so bedeutet das demnach noch nicht, dass dieses Objekt auch wirklich vom Sonar erkannt wird. Die Reizschwelle bestimmt, wann ein Objekt als Ziel wahrgenommen wird. Die Arbeitsweise des aktiven Sonars lässt sich auch in der Sonargleichung darstellen: $SL - 2TL + TS = NL - DI + DT$.

Die Komponenten dieser Gleichung ergeben sich aus dem Sendeschallpegel (SL), dem Ausbreitungsverlust (TL), der Zielstärke (TS), dem Umgebungsgeräuschpegel (NL), dem Bündelungsmaß (DI) und der Reiz- beziehungsweise Detektionsschwelle (DT).

Eine Modifizierung der Gleichung ist nötig, wenn der Hintergrund nachhallt (RL), also kontinuierliche Echos erzeugt. Die Gleichung lautet dann: $SL - 2TL + TS = RL + DT$.

Heizungskörper auf der SMS »Undine«

Die linke Seite der beiden Gleichungen bezieht sich auf den Schall und die rechte auf die Fähigkeit des Sonars zur Auffindung eines Zieles. Entscheidend ist das Konzept dieser Gleichung, welches als Signal-Rausch-Verhältnis bezeichnet wird. Es besagt, dass das Signal des Zieles stärker sein muss als das Hintergrundgeräusch, und es muss über der Reizschwelle liegen. Je stärker das Signal des Zieles ist, desto größer ist die Chance, dass es entdeckt wird.

5. Signalverarbeitung und Visualisierung

Ohne technische Hilfsmittel kann Unterwasserschall nicht wahrgenommen oder lokalisiert werden. Der Transducer ist ein wichtiger Bestandteil aktiver Sonare, denn er überträgt und empfängt akustische Signale. Ferner wandelt er elektrische in akustische Energie um und akustische wieder in elektrische.

Empfangende Transducer werden Hydrophone oder Receiver genannt und mehrere zusammengesetzte Transducer bilden ein Array. Die Länge des Arrays bestimmt die Auflösung des Sonars. Je kürzer das Array ist, desto besser ist die Auflösung, und Ziele lassen sich im Sonogramm leichter erkennen. Durch die Erhöhung der elektrischen Spannung, die dem Transducer zugeführt wird, verstärkt sich auch der ins Wasser ausgesendete Schallimpuls. Die induzierte elektrische Spannung kann nicht unbegrenzt erhöht werden, da negative Effekte wie mechanische Beanspruchung zur Zerstörung des Transducers führen können.

Die Schallimpulse, die ein Transducer empfängt, werden zur Erhöhung des Signal-Rausch-Verhältnisses verstärkt und gefiltert. Während der Signalverarbeitung erfolgt das Erkennen, Lokalisieren und Charakterisieren der Ziele. Im Anschluss an die digitale Datenverarbeitung werden die Sonogramme auf einem Bildschirm angezeigt und können vom Bediener des Sonarsystems

Taucherpaar unterwegs

weiter verarbeitet werden. Dem Bediener obliegt dabei die Entscheidung, ob es sich bei den Zielen, die auf dem Sonogramm angezeigt werden, um archäologisch interessante Objekte handelt. Das Sonar identifiziert Ziele demnach nicht, sondern zeigt sie nur als Anomalie an. Zur Einbindung der Sonardaten in ein GIS-System ist es erforderlich, das Sonar mit einem GPS- oder RTK-System zu koppeln.

Entscheidet man sich bei einer unterwasserarchäologischen Prospektion für den Einsatz hydroakustischer Techniken spielt die Frage nach der Art des Fundes und seiner Einbindung in die Umwelt eine wichtige Rolle. Hinweise darauf, ob das archäologische Objekt aus Eisen oder Holz besteht, sich in einem Gebiet mit starker Sedimentation befindet oder auf dem Felsboden liegt, beeinflussen die Auswahl der Prospektionsmethode in starkem Maße.

6. Das Echolot

Echolote werden für Tiefenmessungen genutzt und bestehen gewöhnlich aus einem Transducer, der am Rumpf des Schiffes oder an einem Ausleger befestigt ist. Der Transducer sendet einen hochfrequenten, gebündelten Einzelstrahl in vertikaler Richtung aus. Die Tiefenmessung beruht auf der Berechnung der Laufzeit des Schallimpulses von der Aussendung bis zum Empfang des Echos. Diese Laufzeit wird auch als Zwei-Wege-Zeit bezeichnet. Das Berechnen der Tiefe erfolgt mit der Formel: $d = \frac{1}{2} vt$.

Der Tiefenwert entspricht dem Formelzeichen d, v gibt die Schallgeschwindigkeit im Wasser an und t bezieht sich auf die Zwei-Wege-Zeit.

Die Arbeitsfrequenz des Echolots hängt von seinem Einsatzgebiet ab. Echolote, die für den Einsatz in der Tiefsee konzipiert wurden, arbeiten mit Frequenzen zwischen 12 und 200 kHz, und Flachwassermodelle nutzen Frequenzen zwischen 400 und 700 kHz. Doppelfrequente Systeme arbeiten dagegen mit einer hohen und einer niedrigen Frequenz. Verwendung finden sie bei der Navigation zur Ermittlung der schiffbaren Tiefe, denn hohe Frequenzen werden auch an wassergesättigten Sedimenten reflektiert, die für das Schiff eine Gefahr darstellen können. Niedrige Frequenzen erreichen aufgrund der geringen Dämpfung eine größere Signalreichweite und durchdringen wassergesättigte Sedimente. Aus diesem Grund werden im Flachwasserbereich hohe Frequenzen mit einer geringen Reichweite eingesetzt.

Die Anzeige der gemessenen Tiefenwerte erfolgt in digitaler Form, wobei die einzelnen vertikalen Profile zu einem zweidimensionalen Gesamtprofil zusammengesetzt werden. Jede einzelne Messung ergibt ein Profil der Wassersäule und des Bodens beziehungsweise der ersten Zentimeter der Sedimentschicht, die vom Sonar noch durchdrungen werden. Die Koppelung mit einem GPS-Gerät ermöglicht das Übertragen der Daten in ein GIS-System und das Erstellen bathymetrischer Karten. Alle Tiefenmessungen sind positionierte Messungen und dienen einer punktgenauen Lokalisierung. Die horizontale Auflösung des Sonars ist räumlich stark begrenzt und die Auflösungsqualität wird durch die Bewegung des Sonars oder eine unregelmäßige Fahrgeschwindigkeit beeinträchtigt.

Ferner müssen Veränderungen des Wasserstandes, welche beispielsweise durch Tidenschwankungen entstehen können, durch die Bestimmung des Seekartennulls ausgeglichen werden.

Das Zusammensetzen der einzelnen Messprofile ergibt nur einen schmalen Surveystreifen, aber eine detaillierte bathymetrische Karte erfordert eng aneinander liegende Suchstreifen und damit einen hohen zeitlichen Aufwand. Zum Erzeugen eines gebündelten Strahls beträgt die Winkelöffnung des Transducers zwischen 5 und 15 Grad. Die geringe Winkelöffnung beeinflusst den akustischen Fußabdruck und die Messauflösung des Sonars. Mit der Bezeichnung akustischer Fußabdruck ist die Fläche gemeint, die vom eintreffenden Sonarstrahl beschallt wird. Je weiter das Sonar vom Meeresboden entfernt ist, desto mehr dehnt sich der übertragene Schallimpuls im Wasser aus und desto größer ist der Fußabdruck. Ein möglichst großer Fußabdruck hat eine

Die Badewanne des Kaisers auf SMS »Undine«

geringe horizontale Messauflösung zur Folge. Das heißt, kleine Erhebungen werden vom Sonar überdimensional gemessen und dargestellt, schmale Vertiefungen jedoch nicht erkannt. Dagegen erscheinen große Vertiefungen im Sonogramm viel kleiner.

Auch die Fähigkeit zur Unterscheidung eng beieinander liegender Ziele wird von der Messauflösung bestimmt. Das bedeutet, wenn sich zwei Objekte hintereinander und in geringer Entfernung voneinander befinden und von einem seitlich einfallenden Strahl getroffen werden, dann nimmt das Sonar nur ein einzelnes Ziel wahr, weil ein Objekt das dahinter liegende Ziel verdeckt. Bei einem senkrecht einfallenden Schallstrahl kann es passieren, dass zwei gleichartige Objekte als ein Ziel wahrgenommen werden. In diesem Fall werden beide Ziele von einem Schallstrahl getroffen und in der Datenverarbeitung zu einem Ziel zusammengefügt.

Echolote dienen der Tiefenmessung oder der Auffindung von Objekten, die sich in der Wassersäule befinden. Sie werden daher auch bevorzugt in der Navigation und Fischerei eingesetzt. Aufgrund ihrer geringen Auflösung eignen sie sich nur bedingt zur Auffindung oder Identifikation archäologischer Strukturen. Ferner können Echolot-Systeme keinen Impulsstrahl mit einem schrägen Einfallswinkel produzieren, der die Messung der Ausdehnung oder Höhe eines Befundes ermöglicht. In Verbindung mit anderen Prospektionstechniken oder bei bereits bekannten Fundstellen können sie aber dennoch gute Dienste leisten.

7. Das Multibeam Sonar

Multibeam Sonare – zu deutsch Fächerecholot, ebenfalls gebräuchlich ist auch *Swathe echo sounder* – stellen eine Weiterentwicklung des Echolots dar. Statt eines gebündelten Einzelstrahles senden Multibeam-Systeme viele stark gebündelte Schallstrahlen fächerförmig in Richtung des Meeresbodens aus. Dadurch können sie einen breiten Suchstreifen abdecken und die Dauer eines bathymetrischen Surveys erheblich reduzieren.

Die Sonare werden bevorzugt am Schiffsrumpf oder an einem Ausleger installiert. Systeme, die mit einem Detektorfisch arbeiten, sind äußerst anfällig für Fehlmessungen oder verzerrte Signale, die durch Bewegungen des Detektorfisches entstehen. Bei der Installation am Schiffsrumpf muss die Fahrtgeschwindigkeit zugunsten der horizontalen Auflösung möglichst gering gehalten werden. Als Richtwert gelten dabei vier Knoten. Wie beim Echolot werden die Tiefenmessungen anhand der Laufzeit des ausgesendeten Signals berechnet. Fortschrittlichere Systeme messen auch die Stärke des zurückgestrahlten Echos und verfügen über abbildende Funktionen.

Der akustische Fußabdruck des Fächerstrahls ist abhängig von der Tiefe und der Winkelöffnung der Transducer. Er kann etliche Kilometer betragen. Das Aussenden vieler Einzelstrahlen benötigt ein Array aus mehreren Transducern, welches entlang der Schiffsachse befestigt ist. Ein Multibeam-System sendet etwa 100 bis

200 gebündelte Einzelstrahlen gleichzeitig aus. Dabei betragen die Winkelöffnungen der Einzelstrahlen nicht mehr als ein bis drei Grad. Die quer zur Fahrtrichtung ausgesendeten Schallstrahlen sind schmal und haben einen senkrechten bis schrägen Einfallswinkel, ähnlich dem Side Scan Sonar. Jeder Schallimpuls strahlt also einen schmalen Streifen des Meeresbodens an und liefert eine Zeile aus Messpunkten. Aus dem Einfallswinkel, der Schallgeschwindigkeit und der Zwei-Wege-Zeit wird die Distanz des Sonars zum Meeresboden berechnet.

Je nach Einsatzgebiet werden verschiedene Ausführungen des Multibeams eingesetzt. Tiefsee-Systeme arbeiten auf Frequenzen zwischen 12 und 30 kHz und Flachwasser-Systeme nutzen Frequenzen zwischen 100 und 200 kHz. Hochauflösende Geräte werden für lokale Untersuchungen eingesetzt. Sie arbeiten mit Frequenzen zwischen 300 und 500 kHz und dienen der Lokalisierung und Erforschung von Strukturen unter Wasser, wozu Häfen, Siedlungen oder Schiffswracks gehören können.

Mit Muscheln und Algen überwucherter Anker

Ein anderer Anker auf dem Grund der Ostsee

Arrays hochfrequenter Multibeam Sonare sind kleiner und erlauben dadurch eine Installation auf kleineren Surveyschiffen, Detektorfischen, ROVs oder AUVs. Ein AUV bezeichnet ein *Autonomous Underwater Vehicle*. Diese Geräte werden zu Forschungszwecken eingesetzt. Ein ROV ist ein Fahrzeug, welches vom Surveyboot aus gesteuert wird und mit Kameras, Greifarmen, Sonaren und diversen anderen Geräten ausgestattet sein kann. Ein AUV ist ein selbstständig arbeitendes Fahrzeug in Form eines Detektorfisches. Ausgestattet mit Sonartechnik und anderen Funktionen kann es bis zu mehreren Monaten eigenständig den Meeresboden erkunden.

Wie es auch bei allen anderen Sonaren üblich ist, wird das Multibeam-System mit einem GPS-Gerät gekoppelt. Die in Echtzeit am Bildschirm angezeigten Sonogramme, die einen breiten Suchstreifen ergeben, müssen zu einem Gesamtbild zusammengesetzt werden. Dieses Sonarmosaik wird durch das Einfügen der

Daten des GPS-Systems zu einer georeferenzierten bathymetrischen Karte umgesetzt. Jede Tiefenmessung ist als einzelner Messpunkt mit seinen dreidimensionalen Koordinaten festgelegt. Mit der entsprechenden Software ermöglicht das die Darstellung als dreidimensionales Geländemodell oder als dreidimensionale Punktwolke. Die Anzeige der Tiefenangaben erfolgt in den Abbildungen durch Farbabstufungen, und einzelne Bildpunkte werden durch Interpolation zu geschlossenen Flächen verbunden. Da jeder Punkt in dieser Wolke einer Tiefenmessung entspricht – in diesem Zusammenhang spricht man auch von einem »Ping«. Jeder Ping entspricht einer Reflexion – und durch seine X-, Y- und Z-Koordinaten festgelegt, können archäologische Strukturen anhand ihres dreidimensionalen Modells oder ihrer Darstellung als Punktwolke vermessen werden.

Multibeam Sonare sind unerlässliche Instrumente zur Meeresbodenkartierung und haben sich seit ihrer Entwicklung in den 70er Jahren fest in der Ozeanografie etabliert. Sie liefern wichtige Erkenntnisse zur Morphologie der Gewässerböden und sind damit auch wünschenswerter Bestandteil einer archäologischen Prospektion. Die durch ein Multibeam-System erstellten bathymetrischen Karten können für die Planung von Taucheinsätzen oder zum Monitoring einzelner Fundstellen verwendet werden. Allerdings sind sie in der archäologischen Anwendung noch nicht weit verbreitet. Dies erklärt sich wahrscheinlich durch den hohen Preis von Multibeam Sonaren im Vergleich zu den am häufigsten genutzten Side Scan Sonaren. Multibeam-Systeme, die archäologisch einsetzbar und über eine gute Auflösung verfügen, kosten im Durchschnitt etwa eine Million Euro. Auch das Ausleihen der Geräte ist sehr kostspielig. Hinzu kommen aufwändige und lange Nachbearbeitungsphasen.

Unter idealen Bedingungen können Multibeam-Systeme sehr effektiv im Lokalisieren und Dokumentieren von Fundstellen sein. Eine Auflösung im Bereich von wenigen Millimetern, die manche Handbücher oder Hersteller versprechen, ist aber kaum zu erreichen. Eine feste Installation des Sonarkopfes, der durch keine

Bewegungen beeinträchtigt wird, und ein einheitliches Schallge-
schwindigkeitsprofil – es ergibt sich aus der Messung von Temperatur, Druck und Salzgehalt. Mit zunehmender Temperatur, Druck
oder Salzgehalt steigt die Schallgeschwindigkeit. Die Schallgeschwindigkeit ist weitgehend unabhängig von der Frequenz –
ermöglichen eine annähernd gleichmäßige Schallausbreitung. In der
Natur sind die genannten Bedingungen allerdings nicht gegeben.
Aus diesen Gründen ist eine millimetergenaue Sonaraufnahme
wahrscheinlich nicht einmal in Bereichen der Tiefsee möglich.

Trotz Einschränkungen in der Genauigkeit, die bei der Vermessung von Objekten aufgrund äußerer Faktoren entstehen, eignen sich Multibeam Sonare auch für das Erstellen eines
Überblicksplanes der Fundstelle. Da die Messungen eines Multibeam Sonars in erster Linie Tiefenmessungen darstellen, werden
archäologische Strukturen nur als Höhenabweichungen gemessen.
Das bedeutet, dass Objekte, die sich im Sediment befinden, nicht
gefunden werden können. Erst die Interpretation der Höhenabweichungen durch einen erfahrenen Archäologen ermöglicht die

Teil der Funkmastanlage der »Undine«

Ansprache der Anomalie als archäologisches Ziel. Ellipsoide Formen können beispielsweise durch ein Wrack entstehen, und geradlinige Strukturen werden als Hinweis für Mauerzüge gewertet. Neuere Modelle, die über abbildende Funktionen verfügen, erlauben nicht nur eine erste überblicksartige Vermessung der Fundstelle. Sie ermöglichen auch die Identifikation einer Fundstelle sowie die Unterscheidung einzelner Strukturen.

8. Das Side Scan Sonar

Side Scan Sonare sind die in der Unterwasserarchäologie am meisten verbreiteten und effektivsten Geräte. Sie erfreuen sich beispielsweise in Deutschland großer Beliebtheit. Viele Privatleute bauen sich eigene Sonare und bieten diese preiswert für archäologische Prospektionen an.

Side Scan Sonare zählen zu den abbildenden Sonaren und werden in Form eines Detektorfisches von einem Surveyboot geschleppt. Die Distanz des Sensors zum Gewässerboden sollte möglichst gering gehalten sein, denn dies ermöglicht eine optimale Auflösung, eine stabile Lage und die Minimierung von Störgeräuschen. Je nach Verwendung können Side Scan Sonare sehr handlich und einfach gebaut oder für den Einsatz in der Tiefsee mehrere 100 Kilogramm schwer, komplex aufgebaut und extrem teuer sein. Einfache Side Scan Sonare sind schon ab etwa 5.000 Euro erhältlich. Hoch entwickelte Systeme sind beispielsweise in AUVs installiert und können bis drei Millionen Euro kosten.

Flachwassersysteme arbeiten normalerweise auf Frequenzen zwischen 100 bis 600 kHz. Hochfrequenzsysteme bis zu 2,5 MHz ergeben eine sehr genaue Auflösung, aber ihre Reichweite liegt gewöhnlich unter zehn Metern. Solche Systeme erreichen theoretisch eine räumliche Auflösung von 0,1 Meter, aber sie können nur in eng begrenzten Gebieten eingesetzt werden und erfordern eine stabile Lage des Detektorfisches. Tiefseesysteme, die auch zur Kartierung verwendet werden, arbeiten mit hohen oder niedrigen

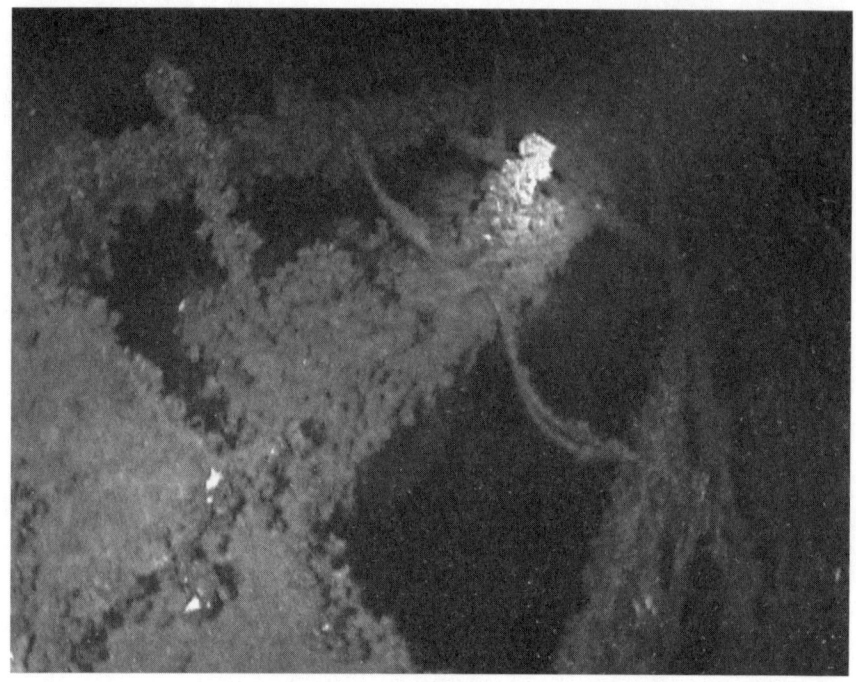

Frequenzen. Bei Frequenzen zwischen 7 und 12 kHz erzielen sie Reichweiten bis zu mehreren Kilometern. Unterwasserarchäologisch gebräuchliche hochfrequente Systeme nutzen meist Frequenzen zwischen 100 und 600 kHz und werden nahe am Grund geschleppt. Beispielsweise kann ein hochfrequentes Sonar während eines archäologischen Surveys in einer Höhe von 20 Metern über dem Grund geschleppt werden und dabei eine Reichweite von 150 Metern auf jeder Seite des Detektorfisches akustisch abdecken.

Side Scan Sonare werden in Verbindung mit einem Positionssystem verwendet. Auch der parallele Einsatz eines Sub Bottom Profilers, der Informationen zu den Sedimentschichten liefert, ist sehr sinnvoll. Neuere Modelle des Side Scan Sonars arbeiten auf zwei unterschiedlichen Frequenzen und ermöglichen die Darstellung und Untersuchung der Sonogramme in verschiedenen Auflösungen. Solche Systeme werden als Chirp-Sonare bezeichnet. »Chirp« kommt aus dem Englischen und heißt Zwitschern. Der Name bezieht sich auf das Geräusch, welches das Sonar bei der

Links: Das Oberdeck von SMS »Undine«. Oben: Blick ins Innere des Schiffswracks

Aussendung eines Schallimpulses macht. Das Geräusch soll den Lauten von Delphinen ähneln.

Andere Modelle liefern bathymetrische Daten ähnlich dem Multibeam.

Die Höhe des Detektorfisches richtet sich nach der Beschaffenheit des Untergrundes, der Tiefe und der erforderlichen Auflösung. Je nach Detektorhöhe und Winkelöffnung kann die Reichweite der Transducer mehrere Kilometer betragen. In ihrem Aufbau ähneln Side Scan Sonare den Echoloten. Sie bestehen aus einem Zweikanalsystem und jedes System wird aus einem Transducer sowie einem Empfangsverstärker und einem Prozessor gebildet. Beide Kanalsysteme werden von einer gemeinsamen Kontrolleinheit gesteuert, welche die Signale auf einem Bildschirm anzeigt.

Die Transducer sind an beiden Seiten des Sonars installiert und senden zwei fächerförmige Schallimpulse entgegengesetzt zur Fahrtrichtung aus. Zum Erreichen einer bestmöglichen Auflösung sind die Signale von einer hohen Frequenz und mit ungefähr 0,1 Meter je Sekunde von einer kurzen Impulslänge. Die Winkelöffnung der Transducer beträgt ein Grad oder weniger und ermöglicht das Erzeugen eines schmalen Schallstrahls, der den Boden in fast horizontaler Richtung abtastet. Durch den Schrägeinfall der Strahlen werden auch kleine Hindernisse und Unebenheiten angezeigt.

Wie bei allen anderen Sonaren breitet sich der Schallimpuls mit zunehmender Entfernung immer mehr aus. Gleichzeitig verringert sich aber die horizontale Auflösung. Das entstehende zweidimensionale Sonogramm liefert ein Abbild des Gewässerbodens anhand seiner Reflexivität. Das heißt, dass am Bildschirm ein akustisches Bild des Untergrundes entsteht, indem die Stärke des reflektierten und zurückgesendeten Signals aufgezeichnet wird. Beispielsweise sendet ein weicher sandiger Boden nur ein schwaches Signal zurück, während Felsgesteine oder »harte Objekte« eine starke Reflexion erzeugen.

Zu den »harten Objekten« zählen Mauerstrukturen, Stahlwracks oder auch Anhäufungen von Keramik. Die Darstellung

Flaschen an Deck, bereit zum Füllen

der unterschiedlichen Reflexivitäten erfolgt gewöhnlich in Graustufen, wobei schwach reflektierende Sedimentschichten oder Objekte hell und stark reflektierende Strukturen dunkel erscheinen. Auch die Form der Objekte und die Neigung des Meeresbodens beeinflussen die Reflexivität. In der Anfangszeit des Side Scan Sonars, also in den 60er Jahren, wurden die entstandenen Sonogramme noch als grafische Darstellung auf Papier gedruckt. Inzwischen verfolgt der Bediener seinen Detektorfisch in Echtzeit am Bildschirm seines Laptops.

Weil der Detektorfisch einen Schallimpuls nach beiden Seiten in fast horizontaler Richtung aussendet, entsteht ein zweigeteiltes Sonogramm. Zwischen den beiden beschallten Suchstreifen befindet sich ein weißer Bereich, der die Bahn des Detektorfisches anzeigt. Dieser Bereich wird durch den sogenannten Nadir-Effekt nicht akustisch abgedeckt. Erst die überlappende Darstellung der Suchstreifen kann den Nadir-Effekt ausgleichen und eine komplette Abdeckung des Gewässerbodens gewährleisten. Aus der Breite des Nadir-Streifens lässt sich die Höhe des Detektorfisches ermitteln. Als Grundlage für diese Berechnung dient die Formel

Sprung ins Wasser

zur Ermittlung der Distanz, die bereits bei den Echoloten vorgestellt wurde: $d = \frac{1}{2}$ vt.

Das Sonogramm des Side Scan Sonars zeigt zwei parallele Suchstreifen, auf denen die Reflexionen des Meeresbodens und der Wasseroberfläche angezeigt werden sowie die akustischen Schatten, die durch die Ausbreitung der Schallwellen auf dem Meeresboden entstehen. Das Interpretieren dieser Signale nach geologischen oder archäologischen Merkmalen ist oft sehr schwierig und verlangt viel Erfahrung. An Grenzflächen wie der Wasseroberfläche oder dem Meeresboden bilden sich häufig multiple Reflexionen, die als einzelne Linien in den Sonogrammen erscheinen. Auch das Kabel des Detektorfisches kann ungewollte Reflexionen hervorrufen und eine Deutung der Abbildung erschweren. Die besten Bedingungen für einen Side Scan Survey bieten ein flacher sandiger Gewässerboden und eine ruhige Wetterlage. Wellenbewegungen veranlassen den Detektorfisch zum Schwanken und verzerren die Sonarbilder. Ebenso kann starker Regen zu Störsignalen führen. Auf dem Grund befindliche oder aus dem Sediment herausragende Objekte, Unebenheiten oder Felsen verursachen einen Beschattungseffekt, der bei einer archäologischen Prospektion von großer Bedeutung ist. Die Hindernisse bilden sogenannte akustische Schatten. Schatten entstehen, wenn der ausgesendete Schallimpuls auf ein Hindernis trifft und sich nicht hinter ihm ausbreiten kann. Der Schatten bildet dann die Form des Hindernisses nach und wird in den Sonogrammen als weiße oder schwarze Fläche dargestellt. Anhand der Schattenform können Objekte identifiziert und ihre Höhe über dem Grund berechnet werden.

Um eine korrekte Abbildung des Meeresbodens zu erhalten, müssen Verzerrungen korrigiert werden, die durch das Schwanken des Detektorfisches oder den Nadir-Effekt entstehen. Dies geschieht durch das überlappende Darstellen der Surveylinien. Störsignale der Wasseroberfläche, multiple Reflexionen oder Maßstabsverzerrungen, die durch den Einfallswinkel der Schallstrahlen entstehen, sind ebenfalls im Prozess der Nachbearbeitung zu korrigieren.

Side Scan Sonare können bei einer Vielzahl von unter Wasser gelegenen archäologischen Fundstellen eingesetzt werden. Lediglich unter dem Sediment vergrabene Objekte werden durch ein hochfrequentes Sonar nicht angezeigt, da die Schallstrahlen bereits an der Grenzfläche zwischen Wasser und Meeresgrund gebrochen und reflektiert werden. Gute Side Scan Sonare, die unter idealen Bedingungen eingesetzt werden, liefern Sonogramme in Fotoqualität. Aber ein wesentlicher Vorteil gegenüber der Fotografie ist, dass akustische Abbildungsverfahren sowohl im klaren als auch im trüben Wasser viel weiter reichen als optische Hilfsmittel. Unter Verwendung der entsprechenden Software können Objekte vermessen und dokumentiert werden. Außerdem erlaubt das Zusammensetzen der Suchstreifen zu einem Sonarmosaik die detaillierte Abbildung großer Surveyareale.

Auf der Brücke der »Artur Becker«

9. Der Sub Bottom Profiler

Die bisher aufgeführten Sonar-Systeme werden bei Fundstellen angewendet, die sich auf dem Gewässerboden befinden beziehungsweise aus dem Sediment herausragen. Viele archäologische Stätten liegen aber in Gebieten mit einer hohen Sedimentation und Strukturen sind teilweise oder ganz im Sediment vergraben. Besonders in küstennahen Gebieten ist mit einer starken Sedimentation aufgrund von Strömungen und Gezeiteneinflüssen zu rechnen. Während eisenhaltige Wracks oder Siedlungsreste bis zu einer gewissen Tiefe auch mit Hilfe von Magnetometern angezeigt werden können, sind Objekte aus Holz und andere einsedimentierte Strukturen nur durch die Verwendung des Sub Bottom Profilers auffindbar.

Dieser wird gewöhnlich in Form eines Detektorfisches in geringer Geschwindigkeit hinter dem Surveyboot geschleppt. Dabei sendet er einen konischen Schallstrahl in vertikaler Richtung zum Meeresboden aus. Wie bei allen anderen Sonaren auch, sollte der Detek-

Decksöffnung im Wrack von SMS »Undine« in Gänze

Ein Taucherteam unterwegs zum Wrack

torfisch eine stabile Lage im Wasser haben, denn alle schwankenden oder kippenden Bewegungen verzerren die Sonarsignale. Das Erzeugen niederfrequenter Schallimpulse ermöglicht dem Sub Bottom Profiler ein hohes Eindringen in Sedimentschichten. Je niedriger die Frequenz der vom Transducer ausgesendeten Schallwellen ist, desto geringer ist ihr Ausbreitungsverlust während der Übertragung und desto tiefer können die Schallimpulse in den Untergrund eindringen. Demnach wird die Eindringtiefe des Sonars entscheidend von der ausgesandten Frequenz, der Schallgeschwindigkeit sowie den Eigenschaften der Sedimente und ihrem Reflexionskoeffizienten bestimmt. Weiche Sedimente wie Schlamm- oder Lehmböden haben einen geringen akustischen Widerstand und erlauben das Übertragen von Schallwellen bis in große Tiefen. Grobe Sedimente oder Hartgesteine, wozu Sand- und Kiesböden oder Felsgesteine zählen, haben einen hohen akustischen Widerstand. Sie ermöglichen nur ein geringes Eindringen oder reflektieren die ein-

fallenden Schallwellen sofort. Auch Gasblasen, die sich im Wasser oder Sediment befinden, behindern das Übertragen der Schallimpulse und verursachen Störgeräusche. Starke Gaskonzentrationen treten aufgrund von biologischen Prozessen besonders in den warmen Sommer- und Herbstmonaten auf. Aus diesem Grund führt man Sonarprospektionen auch bevorzugt im Winter oder Frühjahr durch.

Die ausgesandten Schallimpulse werden an Grenzschichten zwischen den Sedimenten oder an Objekten im Sediment reflektiert. Ein Transducer empfängt die zurückgestrahlten Signale und in der Datenverarbeitung erfolgt die Berechnung der Zwei-Wege-Zeit und der Echostärke. In Form eines zweidimensionalen Schnittbildes werden die Daten direkt auf dem Computer, der mit einem GPS-System verbunden ist, angezeigt. Dabei werden die einzelnen Vertikalprofile zu einem Gesamtprofil zusammengesetzt. Sie geben den schmalen Suchstreifen des Untergrundes wieder, den der Detektorfisch abgefahren hat. Die entstandenen

Reste eines Schaufelrades des deutschen Eisenerzfrachters »Friesenburg«, der 1915 vom britischen U-Boot E19 vor Møn versenkt wurde

Sonogramme ermöglichen Aussagen zu den Sedimenteigenschaften des Meeresbodens. Für eine eindeutige Identifikation der Sedimentarten ist aber die Entnahme von Bohrkernproben notwendig. Das Sonar liefert lediglich Informationen über Änderungen der Dichte im Wasser oder Sediment, ohne deren Ursache bestimmen zu können. Dadurch ist es möglich, Aussagen zu den Sedimenteigenschaften zu treffen, also ob es sich um Hart- oder Weichsedimente handelt. Vor einer aufwändigen Bohrung ist eine Sonaruntersuchung sinnvoll, denn sie zeigt Gebiete mit einer interessanten Morphologie an. Dort können im Anschluss an den Sonarsurvey gezielte Bohrungen vorgenommen werden.

Weiterhin ist die Tiefe von im Sediment vergrabenen Anomalien ermittelbar, aber deren eindeutige Identifikation ist erst infolge eines kombinierten Einsatzes mehrerer Prospektionstechniken möglich. Während unterwasserarchäologischer Surveys werden Sub Bottom Profiler bevorzugt in Kombination mit Side Scan Sonaren verwendet. Wenn eine Identifikation der Anomalie dabei nicht möglich ist, werden je nach Tiefe, Möglichkeiten und Gefahrenpotenzial Taucher oder ROVs zur Untersuchung der Fundstelle eingesetzt.

In der Unterwasserarchäologie werden verschiedene Sub Bottom Profiler-Systeme genutzt, die als Pinger, Boomer oder Chirp-Sonare bezeichnet werden. Sie unterscheiden sich in ihrer Arbeitsfrequenz, ihrem Impulsausstoß, ihrer Eindringtiefe und der vertikalen Auflösung. Pinger senden einzelne kurze Schallimpulse einer niedrigen Frequenz aus. Gewöhnlich liegt diese bei etwa 3,5 kHz. Solche Systeme erreichen eine vertikale Auflösung von 0,3 bis 0,5 Meter und eine Sedimenteindringung von 20 bis 25 Metern. Die Arbeitsfrequenzen von Boomern liegen normalerweise zwischen einem und zwanzig kHz und können je nach Bedarf modifiziert werden. Bei einer vertikalen Auflösung von einem halben bis einem Meter erzielen die einzelnen, kurzen Schallimpulse eine Reichweite von 50 bis 200 Metern. Pinger und Boomer ähneln in ihrer Arbeitsweise und dem Schallausstoß stark dem Echolot. Chirp-Systeme oder auch frequenzmodulierte Sonare wurden in den 90er Jahren entwickelt. Sie ermöglichen aufgrund eines brei-

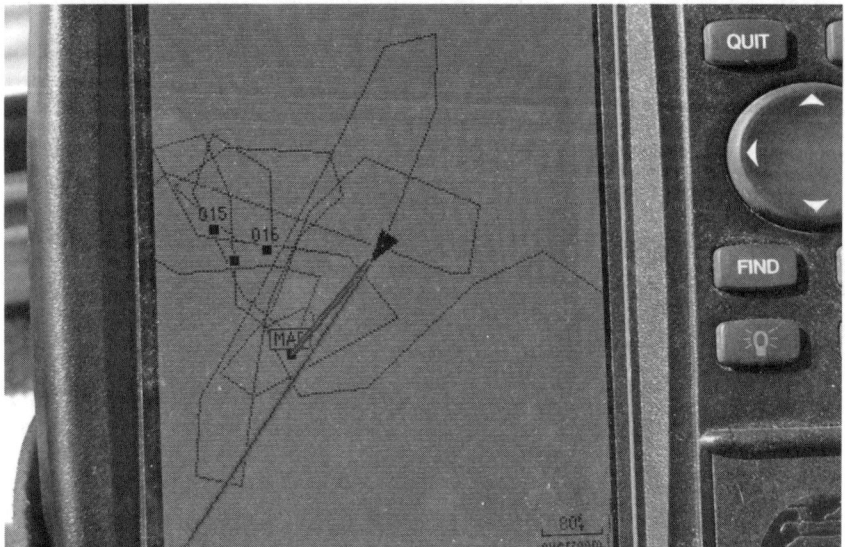

High-tec zum Auffinden des Wracks von T 34 (Fishfinder Echolot)

ten Frequenzspektrums und eines abtastenden Impulses eine best-mögliche vertikale Auflösung bei einer hohen Eindringtiefe. Chirp-Profiler werden nah über dem Gewässerboden geschleppt. Üblicherweise arbeiten sie mit Frequenzen zwischen sechs und zehn kHz und erreichen eine vertikale Auflösung von 0,2 bis 0,3 Meter bei Reichweiten von über 30 Metern.

Sowohl in der Auflösung als auch in ihrer Eindringtiefe sind diese Angaben allerdings nur Näherungswerte. Geräte mit höheren Frequenzen erzielen eine bessere Auflösung bei einer geringeren Sedimenteindringung. Im Gegensatz dazu erhöhen niedrigere Frequenzen die Reichweite des Sonars. Außerdem ermöglichen weiche oder wassergesättigte Sedimente wie Schlamm und Mudde eine Eindringtiefe von mehreren 100 Metern, während Felsgesteine eine Barriere für die akustischen Impulse bilden. Die Auflösung wird auch entscheidend von der Messgeschwindigkeit der Sonare bestimmt. Je mehr Messungen in der Sekunde gemacht werden, desto besser ist die Auflösung des Gerätes.

In der Sonartechnologie gelten Side Scan- und Sub Bottom-Chirp-Systeme als die fortschrittlichsten Geräte, die zukünftige Prospektionen unter Wasser entscheidend bestimmen werden. Neueste technische Entwicklungen beschäftigen sich bereits mit der dreidimensionalen Darstellung des Meeresbodens oder archäologischer Fundstellen.

Neben der Suche nach Schiffswracks oder Siedlungsresten, können Sub Bottom Profiler bei der Kartierung untergegangener Küstenlinien und Flussbette eingesetzt werden.

10. Das Sector Scan Sonar

Infolge ihrer hohen Arbeitsfrequenz und Auflösung eignen sich Sector Scan Sonare für das gezielte Dokumentieren archäologischer Fundstellen. Die Koppelung mit einem GPS-System ermöglicht das Erstellen georeferenzierter Karten sowie das punktgenaue Lokalisieren von Objekten. Mit Hilfe einer speziellen Software werden die

Eingang zu Decksaufbauten

entstehenden Sonogramme in Echtzeit auf dem Bildschirm des Computers angezeigt. Anhand der zweidimensionalen bildlichen Darstellungen können Aussagen zur Art der Fundstelle und ihrer Umgebung sowie zur Erhaltung oder Gefährdung eines Objektes getroffen werden. Auch das Vermessen einer Fundstelle ist mittels Zusatzfunktionen der Software möglich. Dreidimensionale Objektansichten werden durch Sonarmosaike erzeugt. Sie dienen einem besseren Verständnis der Fundstelle, erleichtern die Einsatzplanung von Tauchern und fördern die Anschaulichkeit für den Betrachter.

Trotz dieser Vorteile ist das Sector Scan Sonar in der unterwasserarchäologischen Anwendung noch nicht verbreitet. Aber aufgrund der Erfolge, die kürzlich bei der Prospektion neuzeitlicher Holzwracks im Werbellinsee erzielt wurden, erscheint das Potenzial zur Dokumentation archäologischer Fundstellen unter Zuhilfenahme eines Sector Scan Sonars sehr groß. Das Sonar kann sowohl in Flachwasserbereichen eingesetzt werden als auch in der

Nach dem Tauchgang werden Unterwasser-Fotos und -Videoaufnahmen sofort in den Laptop geladen und bearbeitet

Tiefsee, wo der Einsatz von Tauchern nicht möglich ist. Das erfolgreiche Dokumentieren von Wrackstellen ist ebenso möglich wie die Aufnahme großer Siedlungs- oder Hafenanlagen.

Bei einer akzeptablen Reichweite verfügt das Sonar über eine hervorragende Auflösung und Abbildungsqualität. Strukturen größeren Ausmaßes müssen allerdings unter höherem Aufwand prospektiert werden, da in diesem Falle das Erstellen eines Sonarmosaiks zum Erzeugen eines Gesamtplanes notwendig ist. Neben der Objektabbildung liefert das Sector Scan Sonar auch nützliche Erkenntnisse zur Morphologie der Gewässerböden. Inzwischen werden bereits Geräte erprobt, die mit Frequenzen im Megahertzbereich arbeiten und daher eine sehr hohe Empfindlichkeit und Auflösung bei einer geringen Reichweite haben. Solche Geräte wurden meines Wissens noch nicht auf ihre unterwasserarchäologische Anwendbarkeit erprobt, könnten aber aufgrund ihrer verbesserten Genauigkeit zukunftsweisend für die Unterwasserarchäologie sein.

185

10.1. Das Projekt »Kaffenkähne im Werbellinsee«

Seit dem Juli 2007 beschäftigen sich der Berliner Verein für Unterwasserarchäologie Berlin-Brandenburg e. V. und der Kaffenkahn e. V. in Eberswalde mit der Erforschung von Schiffswracks, die auf dem Grund des brandenburgischen Werbellinsees liegen. Die ehrenamtlich arbeitenden Vereine setzen sich aus Archäologen, Forschungstauchern, Sporttauchern sowie unterwasserarchäologisch interessierten Mitgliedern zusammen und arbeiten gemeinsam an der Dokumentation der Wracks. Bis zum heutigen Tage sind etwa ein Dutzend Wracks bekannt, wobei es sich hauptsächlich um sogenannte Kaffenkähne handelt.

Diese Transportschiffe fuhren vom 17. bis 19. Jahrhundert auf den Gewässern zwischen Elbe und Oder. Im 20. Jahrhundert wurden sie allmählich durch Dampfschiffe abgelöst. Besonders für Berlin waren die hölzernen Binnenschiffe von großer Bedeutung, denn sie transportierten Baustoffe, Lebensmittel und Brennstoffe in die spätere Reichshauptstadt.

Den Grundstock für die Entwicklung Berlins und seine Abhängigkeit von der Binnenschifferei legten bereits Friedrich Wilhelm I. von Brandenburg und Preußenkönig Friedrich II. durch den Ausbau des Wasserstraßennetzes und das Anlegen von Kanälen. Neben den Kaffenkähnen befuhren auch Ewer, Schuten, Prähme, Kähne, Zillen, Göllen, Jellen, Nachen, Butzer und andere Binnenschiffe die Hauptverkehrsflüsse Elbe, Oder, Spree und Havel. Im Volksmund wurden diese Schiffe als Gefäße bezeichnet, und die einzelnen Schiffstypen lassen sich anhand ihrer Bauweise nicht immer klar voneinander trennen. Die Ursache für manche Missverständnisse mag darin begründet sein, dass die Schiffbauereien noch bis ins 19. Jahrhundert hinein keiner einheitlichen Bauweise folgten. Sie entsprachen den Wünschen der Schiffer oder mussten mit den zur Verfügung stehenden materiellen und finanziellen Mitteln auskommen.

Kaffenkähne waren hölzerne Transportschiffe mit einem flachen Boden und einem langen, aber sehr schmalen Rumpf. Der hochgezogene, weit ausladende Bug- und Heckbereich, die so genannte Kaffe, war bezeichnend für die Schiffe und entstand durch das Aufbiegen der Bodenplanken. Zwischen 1840 und 1850 wurden die Bodenplanken nur noch leicht aufgebogen. Stattdessen setzte man Scharstücke an und bildete den weit herausragenden Kaffenschnabel mittels der Bordplanken. Die lange Kaffenspitze diente nicht nur als Zierde, sondern auch als Peilung für die oft hoch beladenen Schiffe und als Befestigung für den Anker. Kähne, die in Überlänge gebaut wurden oder eine zu weit ausladende Kaffenspitze hatten, führten zu Beschädigungen an Schleusen und Brücken. Aus diesem Grund wurde im Jahr 1845 das Finow-Maß eingeführt, welches die maximale Größe und den höchstmöglichen Tiefgang der Kähne vorgab. Kaffenkähne durften nun nicht länger als 40,20 Meter und nicht breiter als 4,60 Meter sein. Ihr gerade noch zulässiger Tiefgang betrug 1,25 Meter bei einer Ladekapazität von nicht mehr als 170 Tonnen.

Die meisten Kaffenkähne erreichten diese Größe allerdings nicht, und auch die Kähne im Werbellinsee sind nicht durchgängig nach dem Finow-Maß gebaut. Zur Bewahrung der herausragenden

Kaffenkahn

Kaffenspitze und Vermeidung von Zusammenstößen an Brücken entwickelte man eine Klappkaffe, die am Bug befestigt war. Die langen, schlanken Schiffe waren im 18. Jahrhundert größtenteils noch offen und verfügten nur im Achterschiff, das heißt im hinteren Teil des Schiffes, über eine kleine Butze für den Schiffer.

Erst in der Mitte des 19. Jahrhunderts wurde es üblich, dass der Schiffer von seiner Familie begleitet wurde. Dazu baute man im Hinterteil des Schiffes eine sogenannte Bude. Diese verfügte sogar über Koch- und Schlafmöglichkeiten.

Kaffenkähne wurden je nach Wind- und Strömungsverhältnissen gesegelt, getreidelt oder gestakt. Seit 1800 waren die Kähne mit einem riesigen Sprietsegel ausgestattet, welches an einem über 20 Meter langen Mast befestigt war. Der Mast befand sich meist im vorderen Drittel des Schiffes und wurde in einer starken Halterung, dem sogenannten Scherstock, fest verkeilt.

Das große Segel und die enorme Länge der Schiffe bei einer geringen Breite, einer niedrigen Bordwand und wenig Tiefgang, machte sie anfällig für schlechte Wetterverhältnisse. Oft wurden die Schiffe auch stark überladen, denn der geringe Lohn der Schiffer konnte nur durch eine möglichst große Schiffsladung gestei-

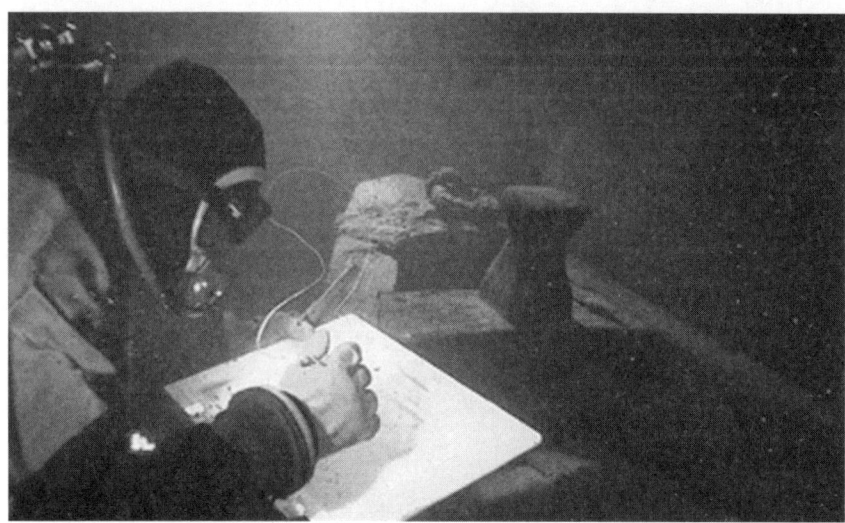

Taucher von Kaffenkahn e. V. beim Untersuchen eines Wracks

gert werden. Hinzu kam, dass die Schiffe komplett aus Holz gebaut waren, aber trotzdem in den Buden gekocht wurde. Diese Umstände führten wahrscheinlich zu der großen Wrackdichte im Werbellinsee, wo stets mit plötzlichen Wetterumschwüngen zu rechnen ist. Beispielsweise sind allein in der Bucht am »Kap Horn« fünf Wracks auf eine Fläche von etwa 550 m² verteilt.

Nicht nur in ihrer Qualität und Größe, sondern auch in ihrer Bauweise unterscheiden sich die Kähne erheblich voneinander. Die bisherigen Untersuchungen der im Werbellinsee gesunkenen Kaffenkähne führten zu der Erkenntnis, dass neben unterschiedlichen Kaffenspitzen auch verschiedene Typen von Scherstöcken gebaut wurden. Aussagen zu Abweichungen in der Konstruktion der Ruder und verschiedener anderer Decksaufbauten lassen sich leider nur noch in Einzelfällen treffen. Die meisten Wracks sind aufgrund des Ankerns von Schiffen und infolge unvernünftiger Taucher bereits stark zerstört.

Ziel der Arbeit der beiden Vereine ist die vollständige Dokumentation aller im Werbellinsee bekannten Kaffenkähne. Dank dieser Untersuchungen werden Unterschiede in der Bauweise sichtbar und Rückschlüsse auf die Lebensumstände der Besatzung beziehungsweise der Schifferfamilie können getroffen werden. Auch die Herkunft und das Ziel der Kähne ist Teil der Forschungen, denn es ist bekannt, dass Kaffenkähne große Bedeutung für die Versorgung der nahegelegenen Stadt Berlin hatten. Beispielsweise ist davon auszugehen, dass Kaffenkähne die Baustoffe der ehemaligen königlichen Ziegelei Joachimsthal im Nordosten des Werbellinsees nach Berlin transportierten. Dort wurden sie zum Bau von Gebäuden, Brücken oder ähnlichem verwendet. Weiterhin sollen Aussagen zur Erhaltung und Gefährdung der Wracks gemacht werden, um sie gezielt zu schützen und für die Zukunft zu bewahren. Nicht nur die begrenzten finanziellen Mittel, auch die Bedingungen für Taucher, die in Tiefen bis etwa 30 Meter bei niedrigen Temperaturen und minimaler Sicht arbeiten müssen, erschweren das Projekt. Hinzu kommen äußere Faktoren wie die zunehmende Gefährdung der Wracks durch Sporttaucher oder den Schifffahrtsbetrieb, die eine Dokumentation der Kaffenkähne immer dringlicher machen.

Zur Unterstützung der taucherischen Prospektionsarbeiten wurde im Frühjahr 2009 ein geophysikalischer Survey in der Bucht am »Kap Horn« durchgeführt. Die Untersuchungen fanden in Zusammenarbeit der Vereine mit der Deutschen Gesellschaft zur Förderung der Unterwasserarchäologie e. V. sowie Brian Abbott von der norwegisch-kanadischen Kongsberg Mesotech statt. Geleitet wurde die Prospektion von Gerd Knepel und mir. Während einer effektiven Arbeitszeit von anderthalb Tagen gelang die Aufnahme der fünf Wracks, wobei das Sector Scan Sonar MS 1000 der Kongsberg Mesotech Ltd. zum Einsatz kam.

Mit einem Gewicht von sechs Kilogramm an Land und drei Kilogramm im Wasser ist der Sonarkopf auch von Tauchern leicht zu bewegen. Erst infolge der Installation auf einem an Land etwa 40 Kilogramm schweren Dreifuß stellten sich gewisse Anforderungen an die Taucher und Helfer. Diese hatten die Aufgabe, den Dreifuß nach jeder erfolgten Messung anzuheben und nach einem Positionswechsel des Surveybootes wieder vorsichtig auf den Boden sinken zu lassen. Um Beschädigungen an den Wracks zu vermeiden, wurden auch während der Positionierung des Dreifußes Sonogramme erstellt, die den Standort des Gerätes anzeigten.

Das Sector Scan Sonar MS 1000 sendet einen konischen Strahl in einem Winkel von 1,7 Grad aus. Die Eigenrotation des runden Transducers erlaubt eine kreisförmige Schallabtastung oder die Aufnahme eines bestimmten Sektors bei einer Reichweite von 0,5 bis 100 Metern und einer Arbeitsfrequenz von 675 kHz. (Bei einer Reichweite von 100 Metern ist klar, dass das Sector Scan Sonar MS 1000 nicht für die Anwendung bei großflächigen Surveys geeignet ist.) Das Betrachten der aufgenommenen Sonogramme erfolgte in Echtzeit mittels der MS 1000 Scanning Software auf einem handelsüblichen Laptop, welcher mit einem Betriebssystem von Microsoft Windows ausgestattet war. Die Messgeschwindigkeit von 0,45 oder 0,225 Meter pro Sekunde

Tauchen in der kalten, dunklen Ostsee

konnte durch den Bediener eingestellt werden und ermöglichte das Erstellen schneller Überblicksansichten oder die detaillierte Aufnahme von Zielen.

Auch das Verändern der Reichweiteneinstellung bewirkte das Erzeugen von übersichtsartigen und großflächigen oder kleinräumigen und sehr präzisen Abbildungen der Wracks. Während des Scannens konnten die entstandenen Sonogramme sofort mittels einer Fotofunktion als Bitmap Datei abgespeichert werden. Das Vermessen und Markieren interessanter Ziele erfolgte mit Hilfe verschiedener Werkzeugfunktionen der Software.

Aufgrund eines Geräteschadens war eine Koppelung des Sector Scan Sonars mit einem GPS-System nicht möglich. Dennoch wurden sämtliche Positionen des Surveybootes mit einem Garmin GPS 60 eingemessen. Die erfassten Koordinaten konnten anschließend im Prozess der Nachbearbeitung berücksichtigt und in die Sonogramme eingefügt werden.

Die Ergebnisse des Sonarsurveys erbrachten eine grundlegende Dokumentation der fünf Wracks am Kap Horn. Anhand von Detailaufnahmen war eine Vermessung der Wracks möglich und es konnten Aussagen zu Konstruktionsmerkmalen und unterschiedlichen Bauweisen getroffen werden. Weiterhin lieferten die Sonogramme Informationen zur Erhaltung der Wracks und deren Gefährdung durch die Schifffahrt oder Sporttaucherei. Das Zusammenfügen der Einzelaufnahmen der Wracks ermöglichte das Erstellen eines Überblicksplanes der Bucht und deren Einbindung in eine topografische Karte des Werbellinsees. Zukünftig wird diese Dokumentation auch als Grundlage für die Planung weiterer Taucheinsätze dienen. Sowohl die Identifikation ungeklärter Objekte als auch das detaillierte Vermessen ist nur mittels taucherischer Untersuchungen möglich.

10.2. Interpretation und Präsentation

Während des Surveys können die Sonogramme des Sector Scan Sonars am Bildschirm eines Laptops, der mit dem Sonar verbunden ist, angesehen werden. Um zuverlässige Messungen zu erhalten, müssen vor Beginn der Untersuchung einige wichtige Grunddaten in das zugehörige Scan Programm MS 1000 4.31 eingegeben werden. Dazu gehören Informationen zur Schallgeschwindigkeit sowie zur Stärke des Erdmagnetfeldes und der magnetischen Abweichung im Surveygebiet.

Das Einstellen einer großen Reichweite ermöglicht die Darstellung nahe gelegener Ziele und deren Umfeld.

Das Sonogramm zeigt im Zentrum den Standort des Sonars und einen schwarzen Bereich, der durch den Nadir-Effekt gebildet wird. Dieses Gebiet wird akustisch nicht abgedeckt und auch der schmale helle Ring um den Nadir-Bereich wird verzerrt abgebildet. Solche »Löcher« in der Aufnahme lassen sich durch überlappende Sonogramme ausgleichen.

Der folgende Bereich zeigt in einer Entfernung von etwa 14 Metern zum Sonar das Wrack eines Kaffenkahns, dessen Scherstock und Kajüte als helle Reflexionen erkennbar sind. Das Wrack liegt aufrecht auf einem ebenen und relativ homogenen Gewässerboden. Nur einzelne große Steine lassen sich im näheren Umfeld des Sonars ausmachen. Akustische Schatten bilden sich hinter dem Wrack und bei Unebenheiten des Bodens. Auch diese Bereiche werden akustisch nicht abgedeckt und erscheinen im Sonogramm schwarz. Im Abstand von 20 Metern zueinander bilden rote konzentrische Kreise Referenzen für die Reichweite des Sonars.

Durchbrochen werden diese Kreise durch eine rote gerade Linie, die sich vom Mittelpunkt des Dreifußstandortes bis zur äußersten Reichweite des Sonars zieht. Diese Linie gibt die Ausrichtung des Transducers an und zeigt, welcher Bereich gerade vom Sonogramm beschallt wird.

Das Sector Scan Sonar verfügt über einen internen Kompass und anhand des äußersten Ringes, der über eine Kompasseinteilung verfügt, kann die Ausrichtung des Wracks nachvollzogen werden. Beginnend bei einer Reichweite von 50 Metern werden

Am Wrack von SMS »Undine«

Sonaraufnahme des einzigen deutschen Flugzeugträgers »Graf Zeppelin«, der 1938 in Kiel vom Stapel lief und nicht fertiggestellt wurde. 1947 hob die Rote Armee in Stettin das von Deutschen versenkte Fahrzeug und nutzte es als Wohnschiff, dann wurde es 30 sm vor Großendorf in der Danziger Bucht mit zwei Torpedos versenkt. 2006 entdeckte man das 250 Meter lange Wrack in 80 Meter Tiefe. Das Bundesverteidigungsministerium erklärte, dass es sich um russisches Eigentum handele und Moskau dafür zuständig sei

die Schallsignale durch Hintergrundgeräusche, die sogenannten Störsignale, immer mehr verzerrt. Aufgrund dessen erfolgt die Abbildung des Seebodens immer undeutlicher und zwei Wracks, die sich in einer Entfernung von etwa 80 bis 100 Metern zum Sonar befinden, werden nur noch schemenhaft dargestellt. Deutlich ist aber, dass ein Wrack nur noch bis zu seinem Scherstock erhalten ist. Bei diesen Wracks handelt es sich um das »Kaffenwrack« und das »Halbe Wrack«. Solche ersten Aussagen sind anhand der Sonogramme bereits während des Surveys möglich und benötigen keine aufwändige Aufbereitung oder Bearbeitung der Daten. Allerdings verlangt eine detaillierte Vermessung und Interpretation der Ergebnisse im Anschluss an den Survey einen längeren Prozess der Nachbearbeitung. Während des Nachbereitens der Daten können sämtliche Scans wiederholt und auf den Bildschirm projiziert werden, vorausgesetzt natürlich, sie wurden vorher dementsprechend abgespeichert und gesichert.

Zusätzliche Programmfunktionen erlauben das Einstellen verschiedener Farbabstufungen in der Aufnahme oder die Darstellung ohne Referenzlinien. Mit Hilfe der Werkzeuge, die auf der linken Seite der Abbildung zu erkennen sind, ist das Vermessen und Beschriften der Objekte auf dem Sonogramm möglich. Nummerierte Markierungen, die der Kennzeichnung besonderer Objekte dienen, können unter den verschiedenen Menüfunktionen der rechten Seite ausgewählt und in das Bild eingefügt werden. Dargestellt ist das Sonogramm des sogenannten »Hangwracks«, welches in einer Tiefe von 12 Metern liegt.

Das aufrecht liegende Wrack zeigt starke Zerstörungen im Heckbereich, die wahrscheinlich durch Anker entstanden sind. Die Markierung mit der Nummer vier könnte eine Ankerspur sein und befindet sich in unmittelbarer Nähe des Kaffenkahns. Wegen des beschädigten Heckbereichs lässt sich die Länge des Wracks anhand der Abbildung nicht exakt bestimmen. »Zoom«-Funktionen ermöglichen es aber, den Verlauf der Planken weiter zu verfolgen und den Endpunkt der Kaffenspitze zu rekonstruieren. Dennoch müsste hier eine taucherische Aufklärung erfolgen oder eine Positionierung des Sonars in unmittelbarer Nähe zum Heck. Auch die Breite des Kahns und die Ausmaße des Scherstocks sind ermittelbar. Zukünftig werden diese Messungen auch von Tauchern überprüft, um ihre Zuverlässigkeit festzustellen. Weiterhin sind auf dem Sonogramm der Standort des Sonars mit der Nummer fünf markiert sowie Objekte, die bei späteren Taucheinsätzen genauer untersucht werden sollen. Dazu gehören der Scherstock mit der Nummer eins sowie die hellen Punktreflexionen, die sich in regelmäßigen Abständen an der Bordwand befinden und mit der Nummer zwei versehen sind. Diese Reflexionen könnten von den Querspanten erzeugt worden sein, deuten aber aufgrund ihrer Stärke auf die Anwesenheit von Metallkrampen hin. Ebenfalls interessant ist das tropfenförmige Objekt, welches mit der Nummer drei markiert wurde. Eine Identifikation dieses Zieles ist aber nur durch Taucher möglich.

Eine systematische Aufnahme der Bucht am Kap Horn ermöglichte das Erstellen eines Sonarmosaiks mit Hilfe des Bildbearbeitungsprogramms Adobe Photoshop CS4. Dazu mussten unter Verwendung der Fotofunktion Einzelaufnahmen der Wracks gemacht werden. Diese wurden anschließend in das Bildbearbeitungsprogramm importiert, zu einem Gesamtbild zusammengefügt und schließlich in eine topografische Karte übertragen. Das Mosaik verdeutlicht die Orientierung der Wracks untereinander und ihre Beziehung zur Uferlinie. Mittels der Bildbearbeitungsfunktionen sind auch die Abstände der Wracks zueinander ermittelbar.

Wie aus den hier beschriebenen Möglichkeiten ersichtlich geworden ist, kann das Sector Scan Sonar ein hervorragendes Hilfsmittel für die archäologische Dokumentation sein. Es erleichtert

Blick in den Maschinenraum des Wracks von T 34

die Arbeit des Unterwasserarchäologen, ersetzt sie aber nicht. Beispielsweise ist das Sonar nicht in der Lage, kleine Ziele zu identifizieren. In diesem Fall ist der Einsatz von Tauchern notwendig. Auch die Identifikation durch ein ROV, das mit einer Kamera ausgerüstet ist, wäre in einem solchen Fall möglich. Für sehr detaillierte Sonaraufnahmen sind Taucher nötig, die den Dreifuß in einem Abstand von ein bis zwei Metern vor dem Wrack positionieren. Auf diese Weise kann das Wrack von mehreren Standorten aufgenommen werden, und das Erstellen eines dreidimensionalen Mosaiks ist möglich. Auch einzelne Bordplanken wären dadurch sichtbar. Die horizontale Positionierung des Sonars über dem Wrack würde eine Aufnahme vom Innenbereich des Schiffskörpers und der Ladung erlauben. Solche Sonaraufnahmen sind aber nur mit Hilfe eines stabilen Gerüstes möglich, welches das Sonar in seiner Position hält.

11. Schlussbetrachtung

Geophysikalische Prospektionsmethoden sind wichtige Hilfsmittel bei der Suche nach archäologischen Fundstellen. Je nach Art der Fundstelle, ob nun prähistorisch, antik oder neuzeitlich, kann mindestens eine der hier vorgestellten Methoden erfolgreich eingesetzt werden. Für den effektiven Einsatz von Sonaren wird allerdings Vorwissen benötigt, was die Möglichkeiten der Geräte und die Bedingungen an der Fundstelle sowie die Fundstelle selbst betrifft.

Die neuesten Entwicklungen in der Sonartechnologie ermöglichen bereits eine gezielte, aber berührungsfreie Dokumentation und Interpretation der Befunde. Neben der Erforschung des archäologischen Objektes rückt auch sein Kontext zunehmend in das Interessensfeld der Unterwasserarchäologen. Informationen zur Morphologie des Gewässerbodens oder zur Verschiebung von Uferlinien liefern wichtige Hinweise zum Siedlungsverhalten bei der Anlage von Pfahlbauten und anderen Niederlassungen. Diese

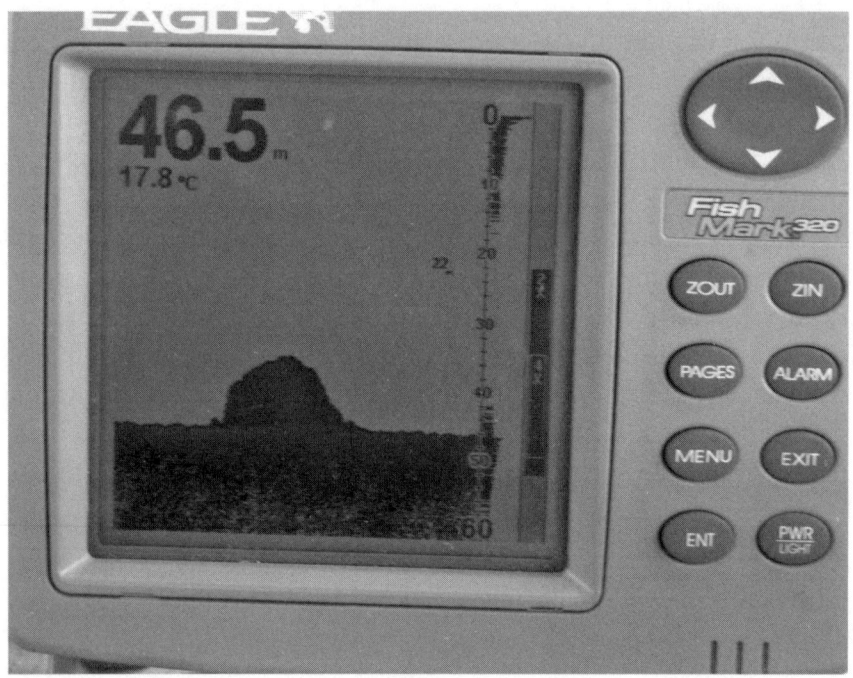

Display des Sonars, auf dem das Wrack der »Undine« zu sehen ist

Angaben sind ebenso unentbehrlich bei der Einschätzung der Gefährdung einer Fundstelle und bei Untersuchungen zu deren Entstehung und Transformation. Auch hat das Vorhandensein einer bathymetrischen Karte oder das Wissen um die Eigenschaften des Gewässerbodens entscheidenden Einfluss auf den Erfolg oder Misserfolg einer unterwasserarchäologischen Prospektion. Beispielsweise können Informationen zu Sedimentationsraten entscheidend für das Auffinden von Wracks oder untergegangenen Siedlungen sein.

Die ersten unterwasserarchäologischen Pionierarbeiten, in denen der Einsatz und die Möglichkeiten geomagnetischer und hydroakustischer Prospektionsmethoden getestet wurden, fanden in den 60er Jahren statt. Seitdem wurden große Fortschritte in der Handlichkeit der Geräte, ihrer Empfindlichkeit und Messgeschwindigkeit gemacht. Ebenfalls sehr verbessert haben sich die Darstellungsmethoden und Verfahren der Nachbearbeitung am

Computer. Dies geschah einerseits, um den Ansprüchen der Wissenschaftler und Archäologen gerecht zu werden, und andererseits, um die Präsentationsmöglichkeiten der Daten für die interessierte Öffentlichkeit zu fördern.

Das Interesse der Öffentlichkeit und die Bedeutung der Meeresbodenkartierung für wissenschaftliche Zwecke wird anhand aufwändiger Unternehmungen wie dem Projekt *General Bathymetric Chart of the Oceans* (GBEBCO) der der Einführung von Google Earth 5.0 in der Version Google Ocean sichtbar. (Das GEBCO Projekt beschäftigt sich seit 1903 mit dem Erstellen standardisierter bathymetrischer Karten der Ozeane und Meere. Durch die Einführung der Sonartechnologie und insbesondere der Entwicklung des Multibeams wurde dieses Projekt enorm vorangetrieben.)

Das erst kürzlich eingeführte Google Ocean erlaubt die interaktive Erkundung der Ozeane in ähnlicher Weise wie das bereits bekannte Google Earth. Sogar das Besichtigen berühmter Wracks wie dem der »Titanic« oder das Betrachten des Marianengrabens wird mit dieser Software ermöglicht. Zukünftig werden solche und ähnliche Webportale dem Unterwasserarchäologen die Möglichkeit bieten, archäologische Fundstellen in dreidimensionale Themenkarten des Meeresbodens einzubinden. Besonders Bereiche der Tiefsee, die nicht ohne technische Hilfsmittel wie Unterseeboote oder ähnliches für Menschen zugänglich sind, werden auf diese Weise einem interessierten Publikum verständlich und anschaulich dargestellt.

Damit bilden geophysikalische Prospektionsmethoden einen wichtigen Bestandteil der archäologischen Dokumentation und Präsentation.

* Michaela Reinfeld ist Magister der klassischen Archäologie und arbeitet am Deutschen Archäologischen Institut Berlin und als Forschungstaucherin

Historische Schiffswracks vor der Ostseeküste – ein Potenzial für den Wassertourismus in Mecklenburg-Vorpommern?

Von Dr. Ralf Scheibe*

Wracks sind für viele Sporttaucher das Hauptziel und damit für den Tauchtourismus von zentraler Bedeutung. Nicht nur in tropischen, sondern auch in kälteren Gewässern wie der Ostsee sind sie die auf Tauchtouren am häufigsten angefahrenen Objekte. Das ist an den Internetauftritten der dort beheimateten Tauchschiffe deutlich abzulesen, geht aber auch aus den beschriebenen Tauchzielen der einschlägigen Reiseführer hervor.

Ende der 80er Jahre nahm das Sporttauchen weltweit erheblichen Aufschwung und entwickelte sich endgültig von einer Nischen- zu einer Breitensportart. Die Zahl der Neubrevetierungen nahm stark zu, die Umsätze beim Verkauf von Ausrüstungen und Dienstleistungen stiegen – bedingt auch durch technische Innovationen – ebenfalls an. Die Besetzung heute gängiger Tauchdestinationen wie die Malediven oder Indonesien erlaubt ein einfaches und entspanntes Tauchen für jedermann in attraktiver landschaftlicher Umgebung. Für viele heutige Sporttaucher begann dort die Taucherkarriere.

Die politischen Veränderungen in der DDR in jener Zeit führten auch dazu, dass nunmehr uneingeschränkt und individuell in der Ostsee getaucht werden konnte. Bis dahin konnte Interessenten – im Unterschied zu anderen Wassersportarten – meist nur im Rahmen der Gesellschaft für Sport und Technik (GST) diesen Sport ausüben.

Der 1963 gegründete Tauchsportklub der DDR eroberte sich mit Mühe einen Platz im »Comité des Sports Sous-Marins« (CMAS), dem Welttauchsportverband. Die Ausübung des Tauchsports war streng reglementiert, sämtliches Tauchgerät wurde registriert, es gab die üblichen bürokratischen Hemmnisse und die Beschränkung der Tauchreisen auf die befreundeten Länder des Ostblocks. Gleichwohl sammelten am Schwarzen Meer viele DDR-Sporttaucher unvergessliche Eindrücke.

Vor diesem Hintergrund bestand nach 1990 am Sporttauchen an der Küste Mecklenburg-Vorpommerns ein großes Interesse, das man als Nachholbedarf bezeichnen kann. Für jene, die bereits Erfahrungen im Tauchen gesammelt hatten, stellten die Wracks zudem unbekanntes Terrain dar, das es zu entdecken galt.

Auf der anderen Seite war die wirtschaftliche Situation ungewiss und bisweilen unbefriedigend, weshalb die Anschaffung der teuren Tauchausrüstung gescheut wurde oder nicht möglich war. Außerdem lockte auch die weite Welt, die nun offenstand.

Die Sporttauchbranche Ostdeutschlands entwickelte sich nach 1990 in zwei Richtungen.

Die GST stellte ihre Tätigkeit ein, ihre Grundorganisationen wurden abgewickelt, die Ex-Mitglieder blieben oft als eingetragene Vereine (e.V.) zusammen. Dazu wurde vorhandene Technik (bis hin zum Tauchschiff »Artur Becker«) übernommen und für Ausbildung, Ausfahrten (auch im Sinne von touristischen Dienstleistungen für Vereinsfremde) und Service (Verleih, Flaschenfüllen) genutzt, nach und nach ergänzt und erneuert. Zum Teil konnten die Vereine dazu Mittel aus öffentlichen Förderprogrammen nutzen. Eine Reihe von Vereinen entstand neu. Aktuell sind unter dem Dach des Landestauchsportverbandes 21 Vereine zusammengeschlossen, die rund 1.400 Mitglieder haben. Derzeit haben die Vereine allerdings (wie generell die Sportverbände) mit sozio-ökonomischen Entwicklungen wie Überalterung, Abwanderung jüngerer Mitglieder und wirtschaftlichen Problemen zu kämpfen und müssen sich der Herausforderung als Dienstleister der Freizeitwirtschaft stellen.

Nach 1990 entstand ein neuer privatwirtschaftlicher Sektor mit Tauchschulen und Tauchshops. Aktiv wurden sowohl Berufstaucher – ehemalige Kampfschwimmer, Marinetaucher, gewerbliche Taucher und einstige hauptamtliche GST-Tauchlehrer – als auch Quereinsteiger, die die notwendigen Qualifikationen erwarben und ihr Hobby zum Beruf machten. Zum Teil erfolgreich wurden von ihnen ehemalige Militär- und Industrieobjekte genutzt, etwa die Dänholm-Taucherbasis. Allerdings gilt die Lage in dieser Branche unverändert als labil.

Relativ erfolgreich arbeiten die an der Küste gelegenen Filialen von Tauchshopketten, die über einen stabilen Kundenstamm verfügen, welcher systematisch ans Ostseetauchen herangeführt wird und für eine gute Auslastung der Ostseebasen sorgt.

Rund die Hälfte der Firmen wird im Nebenerwerb betrieben, ihre Zahl nimmt zu, was ein Indiz für die unbefriedigende Ertragslage ist. Der Betrieb wird häufig von ehrenamtlich arbeitenden oder gering bezahlten Kräften und mit eingeschränktem Angebot aufrechterhalten, etwa Tauchbetrieb nur an Wochenenden.

Zwar Breiten- und Trendsport, aber dennoch stagnierend

Wegen der mäßigen Marktlage ist viel Bewegung im Geschäftsbetrieb. Allein im Raum Greifswald kam es zwischen 1994 und 2000 zu zwei Neugründungen von Shops, die nach wenigen Jahren wieder schlossen. Selbst der Taucherbasis Dänholm gelang es in jenen Jahren nicht, einen Betreiber für den Tauchshop zu finden.

Inzwischen spricht man von einer Marktsättigung. Die Zahl der ausgebildeten Tauchschüler stagniert, die Nachfrage nach Tauchausfahrten ist gleichbleibend oder geht zurück. Hier widerspiegelt die Tauchsportbranche durchaus die allgemeinen Probleme des Tourismus in Mecklenburg-Vorpommern: Die Binnenmarkt-Nachfrage ist begrenzt, eine Steigerung kann nur durch Besucher aus dem übrigen Bundesgebiet und dem Ausland erreicht werden. Das setzt aber voraus, dass die Destination Ostseeküste unter den Konsumenten (hier: Sporttaucher) genügend bekannt ist (Marketingproblem) und hinreichend attaktraktiv ist, um gegenüber Konkurrenzangeboten hinsichtlich Qualität und Preisen bestehen zu können.

Trotz vielfältiger Ansätze – auch unter Nutzung neuer Medien – ist das bisherige Marketing unbefriedigend. Weder in den einschlägigen Zeitschriften ist Mecklenburg-Vorpommern als Tauchdestination angemessen präsent, noch sind die Angaben zu Anbietern in diversen Internet-Datenbanken befriedigend. Sie sind oft unvollständig, überholt und wenig aufregend. Ein gemeinsames Marketing für die »Tauchdestination Ostsee« ist bisher nicht zustande gekommen. Die Interessen von Sportverbänden und professionellen Anbietern liegen offenbar zu weit auseinander. Dies mag auch ein Grund dafür sein, dass das Thema Sporttauchen als *unique selling proposition* (USP), als ein besonderes Verkaufsargument, durch die Tourismusverbände nicht herausgestellt wird. Sie nehmen dieses Alleinstellungsmerkmal kaum wahr, obwohl in verschiedenen Grundsatzdokumenten und Gutachten dem Tauchen gute Zukunftsaussichten beschieden werden.

Natürlich muss – sofern man die Ostsee in direkter Konkurrenz mit tropischen Tauchrevieren betrachtet – die Attraktivität der Ostsee für den »Normaltaucher« als eingeschränkt bezeichnet werden. Zum einen ist die Ostsee ein typisches Kaltwassertauchrevier und setzt ganzjährig – zumindest beim uferfernen Wracktauchen – kaltwassertaugliche Ausrüstung bis hin zum Trockentauchanzug voraus, was vergleichsweise teuer ist und (vor allem auch für das Wracktauchen) eine zusätzliche solide Ausbildung voraussetzt. Zum anderen können die Bedingungen extrem sein: Sommerliche Algenblüte mit Sichtweiten unter zwei Metern sowie Wind, Wellen und Strömung bei sommerlichen Starkwindwetterlagen sind nichts Ungewöhnliches. Außerdem ist – bedingt durch die geringere Salinität östlich der Darßer Schwelle – die Biodiversität und damit die Attraktivität von Fauna und Flora eher gering und damit für tropenverwöhnte Taucher oft enttäuschend und nur für Insider interessant.

Aus diesem Grund sind künstliche Attraktionen und zusätzliche Angebote notwendig, um die Ostsee als Tauchgewässer aufzuwerten. Die Möglichkeiten sind vielfältig und reichen von künstlichen Riffen bis hin zu den zahlreichen Wracks aus mehr als 1000 Jahren Schifffahrtsgeschichte. Insbesondere die Wracks bieten hervorragende Bedingungen im Überschneidungsbereich zweier zukunftsträchtiger Tourismusformen: Kulturtourismus und Wassersporttourismus.

Im Kulturtourismus bildet das Thema Geschichte – von der Vorgeschichte bis hin zur jüngsten Vergangenheit – mit wachsender Bedeutung einen Schwerpunkt und ist in den Medien präsent wie nie zuvor. Immer häufiger sind Themen rund um die beiden Weltkriege Gegenstand von Dokumentationen, die dann als Ausgangspunkt für touristische Aktivitäten dienen. Während in Deutschland aus verschiedenen Gründen (Verantwortung für zwei Weltkriege, aber auch durch die deutsche Teilung behinderte Zugänglichkeit der Archive und begrenzte Möglichkeiten der Forschung) dieser als Militärtourismus oder Militärgeschichtlicher Tourismus zu bezeichnende Bereich des Kulturtourismus sowohl seitens der zeitgeschichtlichen und tourismusgeografischen Forschung als auch der touristischen Angebotspalette noch relativ

Anspruchsvoller Sport, der ganze Männer (und Frauen) braucht, 2011

jung ist, hat er in anderen europäischen Regionen und in Nord-
amerika bereits Tradition. Marinegeschichte ist dabei allerdings
deutlich unterrepräsentiert und beschränkt sich auf Mahnmale,
ehemalige Kasernenanlagen bedeutender Marinestandorte, Mu-
seumsschiffe oder umgenutzte U-Boot-Bunker. Der Grund dürfte
nicht zuletzt darin liegen, dass die Zugänglichkeit von Schlachtfeldern (hier ist ein Schwerpunkt der militärtouristischen Destinationen zu sehen) natürlicherweise beschränkt ist und sich nur
dem Sporttaucher eröffnet. Grundsätzlich dürfte aber der Sektor
Militärgeschichtlicher Tourismus als wachsender Nischenbereich
im Kulturtourismus anzusehen sein, bedarf aber einer besonders
umsichtigen und verantwortungsvollen wissenschaftlichen Begleitung der weiteren Entwicklung von Destinationen und touristischen Produkten.

Tauchen gilt als Trendsportart und steht auf der Wunschliste
der Konsumenten hinsichtlich Outdoor-Aktivitäten hinter Raf-

ting und Canyoning auf Platz drei. Pauschal werden als Motive Lebens- und Experimentierfreude, Alltagsflucht, Risikolust und das kalkulierte Wagnis, Lebensträume sowie Erlebnishunger und das intensive Naturerleben angegeben. Es leuchtet ein, dass diese Einschätzung im Wesentlichen von Nicht-Tauchern kommt und die Realität des modernen Sporttauchens nur sehr ungenau widerspiegelt. Letztlich dürfte dennoch ein wahrer Kern enthalten sein, denn Wracktauchen – vor allem der Besuch von Wracks mit entsprechender Ausrüstung – gilt als eine der anspruchsvollsten Varianten des Sporttauchens und ist eines der wichtigsten Motive für das Tauchen überhaupt. Allerdings muss unterstellt werden, dass im Wracktauchen eher die technische (und wohl auch emotionale) Herausforderung gesucht wird und die intellektuelle Auseinandersetzung mit dem Wrack derzeit (noch) zweitrangig ist. Aber gerade an dieser Stelle fängt das Wracktauchen erst an, Kulturtourismus unter Wasser zu werden.

Sehr früh wurde das Potenzial der vor der Küste Mecklenburg-Vorpommerns liegenden Wracks für einen themengebundenen

Tolle Aussichten auch überm Wasser: Rügens Kreidefelsen

Tauchtourismus im Sinne eines Kulturtourismus erkannt. Forciert durch das Interesse, welches die spektakulären Wrackfunde der 90er Jahre vor der Küste Mecklenburg-Vorpommerns ausgelöst hatten, taten sich engagierte Sporttaucher und Archäologen zusammen, um der Nachfrage nach Tauchgängen an diesen Objekten durch entsprechende touristische Angebote zu entsprechen. In sehr verschiedener Weise sollten Taucher, aber auch Nicht-Taucher angesprochen und für das Thema Unterwasserarchäologie begeistert werden.

Vor allem Nicht-Tauchern bietet das Museum für Unterwasserarchäologie in Sassnitz – trotz des nicht voll befriedigenden Standorts in einem ehemaligen Fährterminal in direkter Konkurrenzlage zu anderen, ebenfalls maritim orientierten Museen – einen guten Einblick in die Methodik der Unterwasserarchäologie und stellt mit dem Original des Gellenwracks auch ein wichtiges Zeugnis der Schifffahrtsgeschichte vor. Die Besucherzahlen bleiben jedoch bislang hinter den Erwartungen zurück, Konzepte für eine bessere touristische Vermarktung haben sich nicht als wirksam erwiesen.

Eine weitere Form der Präsentation sind Repliken von historischen Wracks wie etwa der Kogge von Poel, die in Wismar unter den Augen der Besucher gebaut wurde und inzwischen auch touristisch für Ausfahrten genutzt wird.

Ausschließlich für Taucher wurden im sogenannten Archäologischen Freiwassermuseum vor der Ostküste Rügens geführte Tauchtouren von einer Basis am Kap Arkona bis 2004 angeboten. Darüber hinaus wurde es Tauchbasen der Region gestattet, ausgewählte Wracks anzufahren und zu betauchen. Davon profitierten auch die Tauchschiffe, die so ihr Fahrtangebot durch attraktive Ziele erweitern konnten. Leider konnten diese Aktivitäten nicht fortgeführt werden. Im Frühjahr 2008 wurde die Idee des Archäologischen Freiwassermuseums wiederbelebt, indem mehrere in der Ostsee durch die Schiffsbohrmuschel gefährdete Wracks in einem Kiessee bei Jarmen (Landkreis Demmin) versenkt wurden, um dort später geführte Tauchgänge anzubieten. Allerdings ist dieser

Backen und Banken an Bord der »Artur Becker«, 2004

See wegen der ganzjährig schlechten Sichtbedingungen nur bedingt für derartige Vorhaben geeignet. Es bleibt abzuwarten, ob sich dauerhaft ein Erfolg einstellen wird.

Einige Jahre wurden durch den Landesverband für Unterwasserarchäologie Mecklenburg-Vorpommern e. V. erfolgreich Kurse im Bereich Unterwasserarchäologie für interessierte Sporttaucher durchgeführt, die auf dem bewährten britischen NAS-System aufbauten und neben den Sporttauchern auch Basenbetreiber ansprechen sollten. Wegen der ausbleibenden Nachfrage kamen ab 2007 keine weiteren Kurse zustande.

Nicht nur durch den Landesverband für Unterwasserarchäologie Mecklenburg-Vorpommern e.V., sondern auch andere Interessengruppen werden regelmäßig geführte Wrackausfahrten angeboten, speziell zu Wracks aus dem Ersten Weltkrieg durch die Marinekameradschaft Kampfschwimmer Ost e.V. Diese themenorientierten Ausfahrten tragen derzeit erheblich dazu bei, die Angebotspalette zu stabilisieren und gleichzeitig die ehrenamtliche Tätigkeit zu Suche, Dokumentation und Monitoring der historischen Wracks weiterzuführen.

Das vor der Küste Mecklenburg-Vorpommerns liegende Potenzial für einen Kulturtourismus unter Wasser bedarf einer weiteren, systematischen Erschließung, wobei an die vielfältigen positiven Ansätze angeknüpft werden kann. Die in anderen Bereichen des Tourismus erprobten Strategien mit Organisation eines Netzwerkes, Stabilisierung der Angebotssituation, zielgerichtetem Marketing und nicht zuletzt die Fördermittelakquise sind hier – sicherlich spezifisch – ebenfalls anwendbar.

Es ist letztlich ohne Belang, unter welcher Regie ein Netzwerk zur touristischen Erschließung historischer Wracks aktiv ist. Als wesentliche Partner müssen jedoch eingebunden sein:

• die Behörden und die ehrenamtlichen Vertreter der Denkmalpflege, repräsentiert durch das Landesamt für Kultur und Denkmalpflege sowie den Verein für Unterwasserarchäologie Mecklenburg-Vorpommern (fachliche Begleitung der Ausbildung und der begleiteten Tauchgänge, Berücksichtigung der Belange des Schutzes der Kulturgüter usw.),

• die Tauchsportbranche, repräsentiert sowohl durch die Vereine unter Regie des Landestauchsportverbandes als auch die kommerziellen Tauchbasen (infrastrukturelle und technische Absicherung der geführten Tauchgänge und der Ausbildung, Einhaltung der Sicherheitsstandards, Multiplikatorenfunktion), sowie

• die Tourismusverbände auf Landes- und Regionalebene und deren Marketinggesellschaften (Einbindung als USP in ihr maritimes Themenmarketing).

Als wesentliche Elemente der Angebotspalette sind – zum großen Teil ja schon vorhanden – weiter zu entwickeln: die Kurse für die Sporttaucher und die Multiplikatoren sowie die Wiederbelebung der Idee des archäologischen Freiwassermuseums vor Rügen.

Insbesondere die geführten Tauchgänge vor Rügen sollten zielgruppenorientiert angelegt sein. Bereits jetzt lassen sich zwei grundsätzliche Richtungen unterscheiden, die sich hinsichtlich der jeweiligen Epochen der Schifffahrtsgeschichte, der Zugäng-lichkeit des Tauchplatzes und des taucherischen Anspruchs (Schwierigkeitsgrad) und daraus folgend der Tauchlogistik deutlich unterscheiden und getrennte Angebotspakete erfordern:

• Ufernahe Wracks, wo Wind und Wellen sowie eine unsichere Navigation schon vor Jahrhunderten zum Untergang des Schiffes geführt haben, sind bei geringeren Wassertiefen einfacher zu betauchen, mit leichteren Booten (z. B. Schlauchbooten) erreichbar und für Halbtages- oder Tagesausflüge geeignet. Hier sind allerdings die (zum Teil spärlichen) Überreste nur mit einer ausführlichen Erklärung deutbar.

• Die Wracks des 20. Jahrhunderts – hierzu zählen insbesondere auch die Wracks aus dem Ersten Weltkrieg – liegen in größeren Tiefen (zum Teil in Grenzbereichen des herkömmlichen Sporttauchens) und sprechen damit Taucher mit deutlich mehr Erfahrung an. Die Wracks haben oft einen militärischen Hintergrund und sind in der Regel besser erhalten. Die große Entfernung zum Ufer macht Mehrtagesfahrten mit größeren Schiffen sinnvoll, die Expeditionscharakter haben.

Wichtige Elemente kulturtouristischer Marketingstrategien haben sich in den letzten Jahren mehr oder weniger im Alleingang entwickelt, wenngleich auch in einer sehr spezifischen Form. So ist die Besucherlenkung – an kulturtouristischen Highlights zum Schutz der Kulturgüter, aus Sicherheitsgründen und aus ökologischen Gründen unbedingt notwendig – bei den Wracks wegen der sehr speziellen Zielgruppe mit einer entsprechenden Sensibilität und der ohnehin eingeschränkten Zugänglichkeit kaum ein Thema.

Besucherinformationen werden – anders als im terrestrischen Bereich – in Form von Informationsmaterial, aber vor allem durch Briefing und Tauchgangsauswertungen vorgenommen, sollten aber gleichfalls den allgemeinen Kriterien an qualitativ hochwertige Besucherinformationen entsprechen: sachliche Richtigkeit (z. B. aktueller Stand der wissenschaftlichen Forschung), Reduktion der Informationen (das ergibt sich durch die eingeschränkte Kommunikationsmöglichkeit unter Wasser zwangsläufig) sowie Personalisierung (Auflockerung der Erläuterungen durch Einflechten von Einzelschicksalen, insbesondere möglich bei den Wracks des Ersten Weltkrieges). Die Marketingstrategien sollten allerdings auch hinsichtlich der Definition der Zielgruppen und des Erreichens der Zielgruppen (Medien, Messen usw.) systematisch ausgeweitet werden.

Selbstverständlich wird Kulturtourismus unter Wasser in den ersten Jahren nicht ohne Zuschüsse auskommen. Die Chancen der Fördermittelakquise sind jedoch nicht schlecht, da auch auf europäischer Ebene die Bedeutung des maritimen Kulturtourismus im Allgemeinen und der touristischen Nutzung von unterwasserarchäologischen Relikten im Speziellen mehrfach betont wurde und auch Eingang in das Grünbuch der Integrierten Meerespolitik der EU gefunden hat.

Auch bei einer Abwägung der Chancen und Risiken schneidet der Kulturtourismus unter Wasser positiv ab. Chancen liegen vor allem

• in Einkommenseffekten (Kulturtouristen sind erwiesenermaßen ausgabefreudiger als normale Touristen),

• in Beschäftigungseffekten (z. B. für die lokalen Anbieter von Tauchdienstleistungen),

Bordbewaffnung an einem Wrack

• im endogenen Potenzial (es sind nur in begrenztem Umfang Investitionen notwendig, wichtige Elemente wie Wracks und tauchtouristische Infrastruktur sind vorhanden).

Allerdings wird – als positiver Effekt kulturtouristischer Angebote oft erkennbar – ein *regionales* Bewusstsein kaum gestärkt: Dafür liegen die Ereignisse zu weit zurück, und das Tauchen selbst ist in der lokalen Bevölkerung nur ein marginales Thema.

Die Risiken einer Weiterentwicklung des touristischen Angebots im Bereich Wracktauchen sind denkbar gering: Es wird kaum zu einer Massennachfrage sowie Überlastungen und daraus resultierenden Zerstörungen kommen, wie auch Kommerzialisierungseffekte und eine Musealisierung kaum zu befürchten sind. Auch ein Hauptkritikpunkt des historisch orientierten Kulturtourismus, die Ausblendung dunkler Perioden der Geschichte, wird entgegengewirkt, indem – z. B. bei Wracktouren zu Schiffen des Zweiten Weltkrieges – Ergebnisse aktueller zeitgeschichtlicher Forschung mit einbezogen werden.

Insgesamt kann festgestellt werden, dass sowohl die Wracks als auch die vorhandene sporttaucherische Infrastruktur eine gute Ausgangsbasis dafür sind, die Angebote eines themenorientierten Wracktauchtourismus in Mecklenburg-Vorpommern zu einer sinnvollen Ergänzung der wassertouristischen Angebotspalette und darüber hinaus zu einem echten Alleinstellungsmerkmal zu machen.

* Dr. Ralf Scheibe arbeitet an der Ernst-Moritz-Arndt-Universität Greifswald am Institut für Geografie und Geologie

Die Ostsee – ein einzigartiges Archiv für die Geschichtsforschung

Von Dr. Jens-Peter Schmidt*

Wracktauchen gehört zu den faszinierendsten Freizeitbeschäftigungen in den norddeutschen Gewässern. Dabei ist den Tauchern häufig nicht bewusst, dass die aufgesuchten Ziele eine erhebliche kulturgeschichtliche Bedeutung besitzen und daher in der Regel durch das Denkmalschutzgesetz Mecklenburgs-Vorpommerns (DSchG MV) geschützt sind. Vor der mehr als 1.700 Kilometer langen Ostseeküste Mecklenburg-Vorpommerns liegen nicht nur Wracks, sondern auch eine Vielzahl anderer, sehr unterschiedlicher Bodendenkmale. Da der geringe Sauerstoffgehalt des Wassers die Aktivität von Mikroorganismen stark verringert und sich die Zersetzungsprozesse im Unterwassermilieu wesentlich langsamer vollziehen als an Land, haben sich organische Materialien wie Holz, Horn, Leder oder Pflanzenfasern erhalten, die an Land längst vergangen sind. Sie erlauben einen sehr viel umfassenderen Einblick in den Alltag früherer Zeiten. Darum sind diese Unterwasserbodendenkmale für die wissenschaftliche Forschung von größter Bedeutung.

Rechtlicher Status

Unterwasserbodendenkmale vor den Küsten Mecklenburg-Vorpommerns, die unterschiedlichen Denkmalgruppen zuzurechnen sind und auch militärische Objekte wie Kriegsschiffe, Unterseeboote oder abgestürzte Flugzeuge erfassen, gelten gemäß § 2 DSchG MV als Bodendenkmale. An den Fundplätzen selbst wie auch an ihrer Umgebung dürfen wegen ihrer wissenschaftlichen und kulturgeschichtlichen Bedeutung gemäß § 7 DSchG MV nur dann Veränderungen vorgenommen werden, wenn eine Genehmigung des Landesamtes für Kultur und Denkmalpflege vorliegt. Auch die Suche nach Bodendenkmalen – und damit auch die Suche nach Wracks oder Metallobjekten – mit Hilfe technischer Geräte wie beispielsweise Side Scan- und Sedimentsonargeräten oder Metalldetektoren ist nach § 12 DSchG MV genehmigungspflichtig. Wird dies ignoriert oder von den nachfolgend aufgelisteten Verhaltensregeln abgewichen, so gilt das als Verstoß gegen das Denkmalschutzgesetz und wird als Ordnungswidrigkeit geahndet (§ 26 DSchG MV).

Die Nichtbeachtung der denkmalrechtlichen Vorgaben kann auch den Straftatbestand erfüllen. Wenn beispielsweise ein Bodendenkmal beschädigt oder zerstört wird, um sich in den Besitz von bestimmten Fundstücken zu bringen, sind die Straftatbestände der Gemeinschädlichen Sachbeschädigung (§ 304 StGB) und der Unterschlagung (§ 246 StGB) erfüllt, so dass in diesen Fällen staatsanwaltliche Ermittlungen eingeleitet werden müssen. Zudem erfüllt der Handel mit diesen Fundstücken den Straftatbestand der Hehlerei (§ 259 StGB).

Was sind Bodendenkmale unter Wasser?

Bei den Bodendenkmalen unter Wasser handelt es sich – neben den Wracks – in erster Linie um »ertrunkene« steinzeitliche Siedlungsplätze. Diese sind infolge des weltweiten Meeresspiegelanstieges nach dem Ende der letzten Eiszeit überflutet. Bis etwa 2000 v. u. Z. stieg der Wasserspiegel im Ostseeküstengebiet stetig, was die Menschen zwang, immer wieder ihre ufernahen Siedlungen aufzugeben und sich auf höher gelegene Areale zurückzuziehen. Daher liegen heute viele Küstensiedlungen der Mittelsteinzeit (9700–4100 v. u. Z.) und Jungsteinzeit (4100–2000 v. u. Z.) bis zu zehn Metern unterhalb der Wasseroberfläche. Diese Fundplätze sind oft hervorragend erhalten und vermitteln zahlreiche Informationen über die

Bewachsene Poller an Oberdeck eines Wracks

naturräumlichen Veränderungen an der südlichen Ostseeküste und über die Lebensbedingungen der damaligen Zeit.

Bemerkenswerte Relikte der Seefahrtgeschichte sind beispielsweise Schiffssperren unterschiedlicher Form, die seit dem frühen Mittelalter im Ostseeraum angelegt wurden. Man errichtete sie an strategisch günstigen Stellen, etwa an Hafeneinfahrten oder in engen Fahrwasserbereichen, um feindliche Angriffe abzuwehren oder gegnerische Häfen zu blockieren. Sehr oft wurden dabei hölzerne Palisaden verwendet oder es kamen mit Steinen gefüllte Schiffe zum Einsatz, die an einem vorteilhaften Platz versenkt wurden.

Außerdem haben sich an den Küsten Mecklenburg-Vorpommerns zahlreiche Reste von Hafenanlagen, Schiffslande- und Reedeplätzen sowie Schiffsreparatureinrichtungen unterschiedlicher Art erhalten. Sie sind wie Schiffswracks und Schiffssperren nicht nur einzigartige Bestandteile unseres kulturellen Erbes, sondern vermitteln wichtige Hinweise zur Organisation des Hafenwesens, des Handels sowie der damit verbundenen Infrastruktur.

Die »Artur Becker« an der Pier in Greifswald-Wiek

Neben den nur in Binnenseen erhaltenen slawischen Brücken-
anlagen und den als Kemladen bezeichnet Wehrtürmen aus dem
14. Jahrhundert umfasst die Gruppe der Unterwasserbodendenkmale auch Objekte, die bewusst im Wasser versenkt wurden oder
verloren gingen. Mitunter handelt es sich um religiös motivierte
Opfergaben an Götter. Das trifft auf zwei vor Kühlungsborn
geborgene Holzscheibenräder aus der Zeit um 1000 v. u. Z. und
das vor Usedom entdeckte bronzene Schwert aus der gleichen Zeit
zu. Bei dem Schwert handelte es sich vermutlich um eine Opfer-
gabe, während die Räder zum Quellen des Holzes ins Wasser
gelegt und vielleicht vergessen worden waren.

Die bei weitem größte Fundgruppe der Unterwasserdenkmale
stellen jedoch die Reste untergegangener Wasserfahrzeuge dar. Die
ältesten erhaltenen Fundstücke sind die sogenannten Einbäume,
die erstmals während der Mittelsteinzeit (9700–4100 v. u. Z.)
belegt sind, jedoch in vergleichbarer Form bis in die Gegenwart
weitergenutzt wurden. Vor der Zeitenwende gab es im Norden
auch größere, in Klinkertechnik gebaute Boote und Schiffe, die in
slawischer Zeit (um 1000) mit Segeln ausgestattet wurden, so dass

auch wenige Seeleute in der Lage waren, große Lasten über weite Entfernungen zu transportieren. Im 12./13. Jahrhundert findet dann die in Westeuropa entwickelte Koggenform Eingang in den Schiffsbau des Ostseeraumes und dominiert die nachfolgenden Jahrhunderte. Diese Fahrzeuge hatten höhere Ladekapazitäten als die zuvor eingesetzten Boote und waren zudem kostengünstiger in der Herstellung.

Ab dem 15./16. Jahrhundert setzten sich die großen mehrmastigen, karweelbeplankten Fahrzeuge durch, deren Konzept bis heute die Grundlage für den Bau großer Segelschiffe bildet. (Bei der Karweelbauweise des Rumpfes stoßen die Kanten der Bretter aufeinander, so dass die Außenhaut des Schiffs glatt erscheint.)

Mit der Einführung des Maschinenantriebs und der Verwendung von Eisen und Stahl zum Bau von Schiffsrümpfen im späten 18./frühen 19. Jahrhundert begann auch auf See das Industriezeitalter.

Die Schiffswracks auf dem Ostseegrund liefern weitreichende Informationen über Schiffbautechniken und -traditionen, zu wirtschaftlichen Umständen, zu Handelswegen und nicht zuletzt zum Alltag der Seeleute in verschiedenen Zeiten. Dies zeigten beispielsweise die wissenschaftlichen Untersuchungen des Landesamtes für Kultur und Denkmalpflege an mittelalterlichen Schiffsfunden vor Hiddensee, vor dem Darß und vor Poel, die eine Vielzahl überaus interessanter Ergebnisse erbrachten.

Grundregeln im Umgang mit Unterwasserbodendenkmalen

Bodendenkmale unter Wasser sind in hohem Maße durch menschliche und natürliche Einflüsse gefährdet. Um ihren Erhalt für die Nachwelt und somit auch für künftige Generationen von Sporttauchern zu gewährleisten, ist es unerlässlich, folgende Grundregeln beim Betauchen der Fundplätze zu beachten.

1. Es ist stets ein so großer Abstand zu den jeweiligen Objekten einzuhalten, dass eine Beeinflussung der Fundstätte oder eine

direkte Berührung mit einzelnen Bereichen der jeweiligen Fundstelle ausgeschlossen ist. Der Taucher darf sich im Bereich der Denkmale deshalb nur im austarierten Schwebezustand aufhalten.

2. Jegliche Veränderung an den unter Wasser befindlichen Fundstätten und deren Umgebung sind zu unterlassen, da sie aufgrund der ausgezeichneten Erhaltungsbedingungen von besonderem kulturgeschichtlichem und wissenschaftlichem Wert sind.

3. Die Entnahme einzelner Gegenstände aus dem Bereich eines Bodendenkmals hat grundsätzlich zu unterbleiben, denn dadurch werden diese Ensembles beschädigt und die historisch bedeutsamen Zusammenhänge zwischen den einzelnen Komponenten des Denkmals unwiederbringlich zerstört. Aus diesem Grund hat der Gesetzgeber festgelegt, dass Nachforschungen an Bodendenkmalen jeglicher Art – und demnach auch die Entnahme von Fundstücken – nur nach vorheriger Genehmigung durch die für den Denkmalschutz zuständigen Behörden des Landes erfolgen dürfen.

4. Grundsätzlich bedarf der Einsatz von technischen Suchgeräten zur Entdeckung von Bodendenkmalen im Bereich der Ostsee einer Genehmigung durch das Landesamt für Kultur und Denkmalpflege (§ 12 DSchG MV).

5. Bei Tauchgängen im Bereich militärischer Objekte muss mit dem Vorhandensein von Kampfmitteln gerechnet werden. Diese zählen zwar grundsätzlich zum Gesamtensemble des Bodendenkmals, doch sind in diesem Fall auch die Bestimmungen der Kampfmittelverordnung zu beachten. Demnach handelt nicht nur der ordnungswidrig, wer unbefugt Kampfmittel ortet, sammelt oder in seinem Besitz hat (§ 2 Abs. i Kampfmittelverordnung MV), sondern auch der, der die Entdeckung von Kampfmitteln nicht unverzüglich der Ordnungsbehörde anzeigt (§ 5 Abs. l Kampfmittelverordnung MV). Für die Beurteilung der von diesen Kampfmitteln ausgehenden Gefahren und deren Abwehr ist ausschließlich der Munitionsbergungsdienst zuständig.

6. Wenn bei einem Tauchgang ein bislang unbekannter Fundplatz entdeckt wird, so ist dieser dem Landesamt für Kultur und

Denkmalpflege umgehend zu melden, wobei dies auch für die Entdeckung von Einzelobjekten ohne klar ersichtlichen Fundplatzzusammenhang gilt wie einem separat angetroffenen Stockanker oder einer einzelnen Schiffsplanke (§ 11 DSchG MV). Gleiches gilt aber auch, wenn bei einem Tauchgang Veränderungen an einem bekannten Fundplatz bemerkt werden.

Insbesondere dieser Punkt ist für das Landesamt für Kultur und Denkmalpflege von größter Wichtigkeit, denn nur wenn derartige Beobachtungen umgehend weitergeleitet werden, können denkmalpflegerische Vorkehrungen getroffen werden, die einen effektiven Schutz der Fundstelle und deren langfristigen Erhalt sicherstellen. Und nur wenn dies der Fall ist, wird es auch in Zukunft genügend Wrackstellen geben, die das Wracktauchen in der Ostsee zu einem unvergesslichen Erlebnis machen.

Dr. Jens-Peter Schmidt arbeitet im Landesamt für Kultur und Denkmalpflege, Bereich Archäologie und Denkmalpflege, Domhof 4/5, 19055 Schwerin, sonderprojekte@archaeologie-mv.de

Vorwort aus:

Jörn Lehweß-Litzmann: Die Gründer der DDR-Luftfahrt
288 Seiten, 14,95 Euro, militärverlag, Berlin 2010, ISBN 978-3-360-02703-0

Die Luftfahrtgeschichte der Deutschen Demokratischen Republik begann nach zweijähriger Vorbereitung 1952 und endete im Jahre 1992 durch Auflösung der Luftstreitkräfte seiner Nationalen Volksarmee (NVA) und durch die politisch bestimmte Liquidation der in Berlin ansässigen staatlichen, d. h. volkseigenen Fluggesellschaft *Interflug* (ab 1990 Interflug GmbH i. G.).

Darin eingebettet war auch ein sechsjähriges Intermezzo (1955 bis 1961) eines viel beachteten Flugzeug- und -triebwerkbaus. Es endete, weil Zusagen aus Moskau über den Bezug von Maschinen aus der DDR zurückgenommen wurden. Ohne den sowjetischen Markt aber gab es keine hinreichende ökonomische Basis für eine erfolgreiche Produktion von Flugzeugen »Made in GDR«.

Dass die DDR sich nicht nur im Spannungsfeld mit der Sowjetunion befand, die sowohl Besatzungs- als auch Führungsmacht im Osten war, sondern auch in den globalen Kalten Krieg eingebunden war, bekam sie auch in der Luftfahrt zu spüren. Das Unternehmen war per Ministerratsbeschluss vom 1. Mai 1955 als »Deutsche Lufthansa« (DHL) ins Leben getreten. Damit knüpfte man an die *Deutsche Luft Hansa Aktiengesellschaft* an, welche 1926 gegründet und bis 1951 liquidiert worden war. Doch nach acht Jahren war mit der Deutschen Lufthansa (Ost) Schluss. Diverse Boykottmaßnahmen des Westens und juristische Auseinandersetzung wegen des Namens führten zum Rückzug. Am 1. September 1963 wurden die beiden Luftverkehrsbetriebe der DDR, die Deutsche Lufthansa und die am 18. Sepember 1958 gründete Interflug, Gesellschaft für internationalen Flugverkehr mbH, in einem volkseigenen Betrieb unter der Firmenbezeichnung *Interflug* zusammengeführt. Damit endete auch das Lufthansa-Intermezzo.

Trotz aller politischer, wirtschaftlicher und technischer Hindernisse entwickelte sich das Flugwesen der DDR stetig. Das war vor allem dem Können, der Einsatzbereitschaft, der Disziplin und dem bedingungslosen Enthusiasmus aller an dem sehr arbeitsteiligen Prozess beteiligten Mitarbeiter zu danken. Dabei spielte die Gründergeneration mit ihren Erfahrungen und Schicksalen in den

MILITÄRVERLAG

Stürmen der ersten Hälfte des 20. Jahrhunderts natürlich eine herausragende, vielleicht sogar die entscheidende Rolle.

Trotz aller Widrigkeiten der Weltpolitik erkämpfte sich die Luftfahrtgesellschaft *Interflug* in den ersten 20 Jahren ihres Bestehens den Spitzenplatz unter den Gesellschaften der sozialistischen Staaten hinsichtlich der wirtschaftlichen Nutzung der technischen Ressourcen, der Qualität der Flugdurchführung und Instandhaltung sowie der Flugsicherheit. Auf einigen Gebieten wurde sogar die Weltspitze bestimmt, etwa bei der Ausbildung des Luftfahrtpersonals, beim Wirtschaftsflug (Agrar- und Kranflug) und auch dem Sportflug.

Im internationalen Maßstab wurde die *Interflug* der DDR zu einem anerkannten Luftfahrtunternehmen. Sie verband nicht nur Berlin mit vielen Ländern der Welt, sie war auch stets präsent, wenn Hilfe und Solidarität gefragt war. Nach der »Wende« wurde gerade ihr Renommee der *Interflug* zum Verhängnis. Die sogenannten Mitbewerber, im Bunde mit der Politik, schafften sich einen erfolgreichen Konkurrenten vom Halse, indem man diesen in die Zwangsliquidation führte.

Mit den in diesem Buch gezeichneten Porträts möchte ich als Zeitzeuge an einige Flieger und Flugtechniker erinnern, die maßgeblich am erfolgreichen Weg der Luftfahrt der DDR beteiligt waren. Ich stelle sie in die Geschichte des 20. Jahrhunderts, um deutlich zu machen, warum Piloten wie etwa mein Vater aufgrund der im Nazireich und während des Zweiten Weltkrieges gesammelten Erfahrungen sich sehr bewusst in den Dienst eines sozialistischen Luftfahrtunternehmen stellten und ihr Bestes dafür gaben. Manch einer wird nach der Lektüre der Porträtsammlung weitere verdienstvolle Persönlichkeiten nennen, die ich nicht oder nur beiläufig erwähnte. Sie haben alle recht. Ich musste mich beschränken. Vertreter des Agrar- und Industriefluges oder der Flugsicherung kommen hier nicht vor. Ihre Würdigung steht also noch aus.

Die behandelten Lebensläufe erheben nicht den Anspruch auf Vollständigkeit, und da sie überwiegend auf Berichten von Angehörigen, von einstigen Freunden und Kollegen fußen, kann ich mich nicht für den Wahrheitsgehalt jede Begebenheit verbürgen. Wir kennen die Ungenauigkeiten und subjektiven Verschiebungen bei der Oral History, der mündlich überlieferten Geschichte.

An einigen Stellen habe ich Informationen mit meinen Erfahrungen und vergleichbaren Darstellungen verglichen und interpretiert. Manches wurde im Interesse des Lesbarkeit verkürzt oder weggelassen.

Leseprobe aus:

Horst Steigleder: Die Kriegsmarine und der Ostfeldzug
320 Seiten, 19,95 Euro, Militärverlag, Berlin 2010, ISBN 978-3-360-02702-3

Die Niederlage im Ersten Weltkrieg erschütterte das politische und wirtschaftliche System Deutschlands. Sie vermochte aber an seinem Wesen nichts zu ändern. Die herrschenden Kreise und ihre militärischen Exponenten gaben das Ziel, die Vorherrschaft in Europa und in der Welt zu erringen, nicht auf. Das Versailler Diktat sollte so rasch und so konsequent wie möglich revidiert werden.

Führende Vertreter der kaiserlichen Flotte wie Großadmiral Tirpitz und Admiral Scheer sowie andere Admirale und Offiziere der Marine konnten ihre Niederlage im Seekrieg gegen Großbritannien und die schmachvolle Auslieferung der deutschen Hochseeflotte in Scapa-Flow nicht verwinden. Für sie war das neue demokratisierte Staatsgebilde nur eine Republik auf Zeit. Großadmiral Tirpitz schrieb in seinen 1919 beendeten Memoiren, dass es für Deutschland nur einen Weg gäbe, sich aus der »jetzt eingetretenen Versumpfung und Zuchtlosigkeit […] zu einem neuen Leben zu erheben, wenn es beizeiten zur Besinnung kommt und gemäß seinen alten Überlieferungen die Kräfte erkennt, die es groß gemacht hatten.«

Die alsbaldige Abschaffung der republikanischen Staatsform, die Rückkehr zu dem »Grundprinzip unseres alten Staates« über die Zerschlagung demokratischer Errungenschaften war der Wunsch nicht weniger ehemaliger kaiserlicher Marineoffiziere und deren Gefolgsleute aus dem Unteroffizierskorps. Diese hatten sich schon im November 1918 an der Niederschlagung der Aufstände in Kiel, Wilhelmshaven und Berlin beteiligt. Die Marinebrigaden Erhardt, von Loewenfeld und die aus Decksoffizieren bestehende »Eiserne Marinedivision« kamen ab Januar 1919 – nunmehr unter dem Mandat der sozialdemokratischen Regierung – als Freikorps in allen Teilen der Republik zum Einsatz, um Volkserhebungen niederzuschlagen. Admiral Assmann, ein späterer Mitarbeiter im Oberkommando der Kriegsmarine, schrieb später über diese Freikorps: Das waren vor allem »Männer, die anständig geblieben waren und auch im Zusammenbruch ihrem Vaterland die Treue hielten […]. Ohne ihre Unterstützung

MILITÄRVERLAG

wäre es der neu gebildeten sozialistischen Regierung wohl nicht möglich gewesen, das Reich vor dem Bolschewismus zu retten«.

Auch an dem Versuch im März 1920, den Großgrundbesitzer Kapp in den Sattel zu heben, waren zahlreiche Marineoffiziere beteiligt. Der am 13. März 1920 veröffentlichte Aufruf von Kapp an das deutsche Volk entsprach völlig den »Ordnungsvorstellungen« ehemaliger kaiserlicher Marineoffiziere, zu denen der zu jener Zeit amtierende Chef der Admiralität Admiral von Trotha und Kapitän zur See Raeder – der spätere Großadmiral Hitlers – gehörten. […]

Wie viele andere Offiziere fand Raeder eine Wiederverwendung in der neuen Marine, deren Grundstein am 16. April 1919 durch das von der Nationalversammlung verabschiedete Gesetz über die Bildung einer *Vorläufigen Reichsmarine* gelegt worden war. […]

Angesichts der geringen Seestreitmacht, die der Weimarer Republik zugestanden worden war, konnte sich die Marine nur in einem bescheidenen Rahmen bewegen. Schon am 16. April 1919, also noch vor Besiegelung des Versailler Vertrages, hatte die Nationalversammlung die Aufgaben der kleinen Marine formuliert. Diese sollte die deutschen Küsten sichern und durch Minenräumen sowie Wahrnehmung seepolizeilicher Aufgaben einen sicheren Seeverkehr und die ungestörte Ausübung der Fischerei ermöglichen.

In den Vorstellungen der Führer der Reichsmarine, die sich von Anfang an weder mit einer begrenzten Marine noch mit deren engen Aufgabenstellung zufrieden geben wollten, existierten aber bereits weitergehende Projekte. Admiral Michaelis, der seit dem Weggang von Trotha die Geschäfte der Marineleitung führte, machte in einigen Denkschriften an den damaligen Reichswehrminister im Sommer 1920 darauf aufmerksam. […]

Die Führung der Reichsmarine hatte zu jener Zeit Polen als Gegner in Betracht gezogen, das nach Erlangung seiner staatlichen Selbständigkeit eine Flotte aufzubauen begann. Dadurch wähnte Berlin den Seeweg nach Ostpreußen bedroht.

Auch der junge und auf schwachen Füßen stehende Sowjetstaat musste dafür herhalten, um den Ausbau der deutschen Marine zu verlangen. In diversen Denkschriften fanden sich darum neben Argumenten für den Schutz der Seeverbindungen nach Ostpreußen auch Hinweise, wie die Möglichkeit einer Landung »russischer Bolschewiken auf Rügen mit der Absicht, die Weltrevolution auf Deutschland auszubreiten«, zu verhindern wäre.

Fotos

Reinhard Öser (S. 17, 40, 42, 43, 52, 53, 84, 85, 88, 94, 95, 97, 98, 100, 107, 123, 149, 174, 175, 177, 182, 187, 188, 198, 202, 205, 206, 208); Archiv KSK-18 (S. 122); Archiv Militärverlag Berlin (S. 27, 28, 34, 59); Wehrgeschichtliches Ausbildungszentrum Marineschule Mürwik (S. 30, 35, 37, 46, 47, 50, 70, 71, 76, 82, 142, 144); Nachlass Familie Renner (S. 38, 39); Bundesamt für Seeschifffahrt und Hydrographie (S. 41); Royal Navy Submarine Museum Gasport Hampshire (S. 49, 51, 80); MP Design Peter Pohl (S. 60, 63, 83); Nachlass Familie Dorsch (S. 69); Nachlass Familie Löwisch (S. 79); Bundesarchiv Militärarchiv Freiburg (S. 79, 80); Sven Gers (S. 87, 145, 146, 167, 169, 170, 178, 179, 197); Andreas Baumgarten (S. 87, 92, 148, 158); Hartmut Kasswan (S. 89, 90, 91); Mark Deberthäuser (S. 93); Marco von der Schulenburg (S. 101, 102, 103, 154); Detlef Rettig (S. 104, 105, 150, 151, 152, 153, 156, 157, 160, 161, 162, 165, 172, 173, 180, 181, 184, 185, 191, 193, 194, 215, 216); Deutsches Schifffahrtsmuseum Bremerhaven (S. 112, 115,124); Privatarchiv Wulf Krentzin (S. 118,119); Andreas Kloft (S. 120, 125); Forschungsanstalt der Bundeswehr für Wasserschall und Geophysik Eckernförde WTD-71 (S. 194)

ISBN 978-3-360-02709-2

© 2011 Militärverlag, Berlin
Umschlaggestaltung: Buchgut, Berlin, unter Verwendung
eines Fotos von Jonas Dahm, deepsea.se
Druck und Bindung: CPI Moravia Books GmbH

Ein Verlagsverzeichnis schicken wir Ihnen gern:
Das Neue Berlin Verlagsgesellschaft mbH
Neue Grünstraße 18, 10179 Berlin
Tel. 01805/30 99 99 (0,14 Euro/Min., Mobil max. 0,42 Euro/Min.)

Die Bücher des Militärverlages und des Verlages Das Neue Berlin
erscheinen in der Eulenspiegel Verlagsgruppe.

www.militär-verlag.de